Diseños Nativos
de la Argentina

Rossi, Juan José
    Diseños nativos de la Argentina: clásicos y actuales - 2ª ed. - Buenos Aires:
Búsqueda de Ayllu: Galerna, 2005.
    128 pp. + CD-ROM ; il. ; 30x21 cm.

    ISBN 950-560-000-3

    1. Diseños Nativos-Argentina. I. Título
    CDD 709.82

Tirada de esta edición 1.500 ejemplares.
Diseño de tapa: Ernesto Granata (Profesor adjunto de Morfología del Diseño Gráfico
de la Universidad de Buenos Aires-UBA)
Ilustración de tapa: Urna cultura Chaco santiagueña
                    Museo Arqueológico E.Wagner - Santiago del Estero

Coedición: Galerna - Búsqueda de Ayllu
                Lambaré 893, Buenos Aires, Argentina

© Búsqueda de Ayllu
    Casilla de Correo 41
    3260 - Concepción del Uruguay
    Entre Ríos - Argentina

Este libro se terminó de imprimir en el mes de diciembre del año 2005
en los **Talleres Gráficos DEL** s.r.l., Edmundo Fernández 271/75,
Piñeyro, Avellaneda. Tel.: 4222-2121.

Juan José Rossi

DISEÑOS NATIVOS DE LA ARGENTINA

clásicos y actuales

GALERNA - BÚSQUEDA DE AYLLU

Buenos Aires

Mujeres Selk'nam (Onas) con capas de piel de guanaco de espectacular diseño

Índice

PRÓLOGO

L a lectura del presente trabajo nos plantea un desafío: el de animarnos a ser nosotros mismos, a salir del cliché, del gesto habitual. Desde una rigurosa subjetividad, que es lo primero que lealmente define y acota, Juanjo Rossi se compromete a fondo con la exposición gráfica de un vasto material producido en nuestro país, el cual, mudo, se presenta y nos conmueve con su belleza. En su alegato desmonta el aparato ideológico del pretendido arte oficial de las distintas y sucesivas academias, de los "profetas del odio" que califican de modo inapelable qué cosa es el arte y/o qué tipo de objetos entran por la puerta grande del arte y cuáles se quedan en el limbo segundón de las así llamadas "artesanías". Si bien en los medios profesionales este maniqueísmo dogmático tiene cada vez menos predicamento, en la educación y en los medios masivos de comunicación aun persiste un "núcleo duro" de formadores de opinión que se resiste a reconocer que, como solía decir el maestro Sacriste, "no se es artista por proclamarse a sí mismo pintor o escultor, sino… ¡por procurar hacer las cosas con arte!". En ese sentido, en este libro, arte es lo que abunda.

Por otra parte, situados en la naciente cultura del diseño que nos llega desde los grandes centros de producción del sistema, y que en lo fundamental consiste en que, una vez superada la problemática de la producción masiva se lanza con toda energía en dirección a un márketing y a un diseño personalizado (*customization*), empezamos a comprender que tal vez la única manera de sobrevivir en un entorno globalizado consista en incorporarse plenamente, aceptar el embate de la "invasión", aprendiendo a nuestra vez a "invadir" con los propios productos, en una perpetua dialéctica entre lo propio y lo ajeno, entre lo universal y lo particular, entre la repetición y la novedad. Aquellos que vienen estudiando este monumental proceso de mutación, que en lo fundamental se inicia en 1492, se acelera dramáticamente luego de la Segunda Guerra Mundial y llega a su paroxismo en los últimos 10 años, constatan que quienes han logrado "colar" en el selecto círculo de esta naciente cultura comercial lo han hecho, entre otras cosas, merced a un sostenido esfuerzo de introspección sobre lo propio, entendido en un sentido amplio, y como patrimonio y herencia a resignificar, y sobre sus potenciales alcances como base de nuevos lenguajes y propuestas de diseño.

Es en este contexto donde la propuesta movilizadora de Rossi encuentra su pertinencia y evidente actualidad. Celebro su edición e invito al lector a aceptar el convite.

CHACHO PEREYRA*
Buenos Aires, agosto de 2000

* Chacho Pereyra es arquitecto y diseñador, profesor regular de Morfología del Diseño Gráfico en la UBA, secretario adjunto de la Sociedad de Estudios Morfológicos de la Argentina y miembro del Gabinete de Heurística de la FADU/UBA.

Introducción

En la Argentina del siglo XX la producción artística nativa de origen prehispánico y actual, sobre todo su diseño, significó un cierto "descubrimiento" o hallazgo por parte de la comunidad nacional, en especial de diseñadores, plásticos y artesanos. En algunos casos como sola inspiración de sus propios diseños y, en otros, simplemente copia de dibujos utilizados profusamente por culturas remotas de nuestro territorio en pinturas y grabados rupestres, cerámica, escultura y tejeduría.

El tardío descubrimiento de la producción cultural nativa pre y post-hispánica del orden de lo simbólico, figurativo y funcional tuvo como consecuencia indirecta mayor respeto y valorización del arte nativo que, hasta casi mediados del siglo XX, apenas se tenía en cuenta en tanto expresión cultural y artística "argentina". Paradójicamente se lo consideraba exótico, de "otro mundo". Un ejemplo ilustrativo y contundente es el de las pinturas rupestres y sus motivos, diseminados por todo el país, cuya antigüedad oscila entre 11.000 (Cueva de Las Manos, Santa Cruz) y 500 años (Cerros Colorados, Córdoba) antes del presente. Al respecto es justo reconocer que, con excepción de arqueólogos, etnógrafos, antropólogos y unos pocos más, los argentinos prácticamente ignorábamos su impactante realidad. No sucedía lo mismo, en cambio, con expresiones similares foráneas, por ejemplo, las de *Altamira* en España o *Lascaux* en Francia, de cuya existencia se nos informaba incluso desde la enseñanza primaria. No es procedente generalizar, pero cada uno de nosotros sabe que el sistema educativo como tal, sus docentes y textos escolares de todos los niveles, cuando se referían a la "prehistoria" de la humanidad y de nuestro continente, lisa y llanamente desconocían el proceso humano local y sus manifestaciones culturales concretas, a no ser aquellas demasiado impactantes que los europeos "descubrieron" *de visu* desde el siglo XVI de su era y que no pudieron disimular. En efecto, a éstas les reconocieron cierta identidad en sí mismas aunque desgajadas de su contexto histórico retrospectivo, valorándolas tan sólo en la medida en que a ellos les interesaba, servía o agradaba. Es el caso de las maravillosas ciudades, estelas, monolitos, cerámicas, esculturas, joyas de oro, plata y piedras preciosas, etc., realizadas durante el siglo XV y mucho antes por artistas de las grandes naciones Diaguita, Inca, Chibcha o Azteca, entre otras, que, con absoluto desparpajo, los arribados expoliaron y se piratearon entre ellos mismos para engrosar sus arcas, adornar cortes, palacios, templos, basílicas, museos (todavía hoy se pueden apreciar miles de piezas increíblemente bellas en estanterías oficiales y en colecciones "privadas", sobre todo extranjeras, y deberíamos preguntarnos por qué allí y no en nuestros museos).

Pero en la medida en que, durante todo el siglo XX, arqueólogos y etnógrafos (entre ellos varios europeos lúcidos) y la tenacidad de los pueblos aborígenes sobrevivientes sacaron a luz las riquezas de diseños y dibujos plasmados sobre cerámica, tejeduría, madera y piedra, tanto el sistema educativo nacional cuanto la gente en general lentamente empezamos a valorar como "nuestro" y relevante todo lo producido por el hombre en esta tierra desde su ingreso al continente hace alrededor de 40.000 años y a la Argentina unos 20.000.

Con el término *diseño* en este caso se hace referencia a una realidad específica en el área de la forma o creación formal en función de su percepción física y de su destino utilitario o simbólico por parte de la sociedad en que emerge esa forma. Concretamente en este volumen, por diseño, sin pretender definirlo, entiendo la concepción espacial y configuración total o fragmentaria de una pieza (en piedra, fibra vegetal o animal, madera, hueso, metal o arcilla), especialmente a la decoración y dibujos que realzan al objeto, sobre todo cerámico y lítico por ser éstos los que más y mejor (de lo que se ha podido recuperar) reflejan la creación artístico-simbólico-utilitaria de la Argentina remota.

Por *nativo* quiero significar que el diseño de referencia fue concebido y realizado por hombres "emergentes de aquí" en distintas épocas del proceso histórico-cultural milenario de nuestro territorio, hoy argentino.

En la actualidad el diseño nativo en sus diversas manifestaciones es asumido con respeto y entusiasmo por quienes, sin ser todavía muchos, lo utilizan en su profesión de diseñadores, educadores y difusores de nuestra cultura o en obras artísticas, literarias e industriales, porque se reconoce que este diseño contiene variaciones inagotables en el orden de lo simbólico y en la concepción estética de la transformación artística de cualquier soporte. En tal sentido, antes de referirme específicamente al diseño plantearé una reflexión en torno del concepto que los habitantes nativos de América y la Argentina prehispánica tenían y tienen del "arte" en tanto lenguaje y expresión emergente de un universo cultural propio.

Cultura Nativa y Arte Argentino

En relación con el "arte" nativo y las diversas producciones humanas que intentan expresar algo dentro de un contexto cultural concreto, generalmente nos movemos con premisas y supuestos un tanto confusos y dogmáticos ingresados al continente vía Europa a partir del siglo XV de su era cristiana. En aquel complejo y polémico incidente de nuestra historia –estemos o no de acuerdo con las consecuencias posteriores–, en pocas décadas los conquistadores lograron transplantar, entre muchas otras realidades, su propio concepto y praxis de "arte" y "manualidades". Lo superpusieron a otro original y legítimo local generado durante el milenario proceso cultural anterior a la conquista. Transplante que se refleja todavía casi sin discusión tanto en la literatura específica y textos de historia cuanto en cierto periodismo e instituciones cuya función pretende ser la transmisión de nuestro patrimonio e identidad culturales.

En efecto, el sistema educativo, museos, galerías de arte y la prensa especializada dejan la inequívoca impresión de que el concepto dominante en América referido al área de expresiones artísticas se mueve en una suerte de pentagrama que va de agudos a bajos, de bueno a malo, de bello a vulgar y, por supuesto, de "arte" a "artesanía" o "manualidades" populares. No estoy planteando una valoración excluyente sino una simple constatación sociocultural evidente en cualquier feria o exposición de arte o artesanía.

Desde arriba –en mi opinión un "arriba" casi exclusivamente del orden socioeconómico– se establece una dicotomía, es decir, sensible separación, emergente de una centenaria praxis europea que cristalizó en nuestro continente por diversas causas, entre ellas el manejo de la producción artística por elites consumistas de supuesto refinado gusto, íntimamente relacionadas al poder político, económico y religioso de quienes, por su formación o mentalidad, se creían y creen diferentes, superiores, con derecho a dogmatizar y a adquirir las obras a cualquier costo frente al resto de la humanidad.

En términos generales –más allá de matices que merecen atenuantes– para la estructura cultural y mentalidad de Europa occidental instalada en aquel subcontinente desde comienzos de la era, existen dos dimensiones irreconciliables: por un lado, el *arte* –en su concepción sería igual a máxima expresión de belleza– como profesionalismo superior excluyente que, de hecho, muchas veces es interesado, lucrativo, competitivo socialmente y siempre nominal; por otro, la *artesanía* –para muchos sólo manualidades– como expresión del "vulgo", anónima e incapaz de llegar a aquel arte superior, salvo en raras ocasiones en que tales expresiones logran quebrar el límite del concepto de referencia dejando de ser, en consecuencia, "artesanías" para transformarse en "arte".

13

Podemos o no estar de acuerdo con ese enfoque del "Primer Mundo" que da por sentado un límite divisorio que habilita a algunos a decidir, en la práctica y en la teoría, cuándo una obra es arte y cuándo no; cuándo existen razones para determinar, por ejemplo, que una pintura o diseño de un determinado pintor o diseñador es arte o no. Sin duda entran a jugar aspectos técnicos definitorios, pero también subjetividades condicionadas por un concepto culturoso y por el poder que impone criterios incuestionables, esgrimidos por aquella élite excluyente (y, en nuestro caso, con frecuencia foránea) que finalmente es la que monetariza y valoriza la obra en subastas o museos. Es válido preguntarse, en relación con lo afirmado en este último párrafo, por qué las obras de Van Gogh durante su vida (a pesar de tener íntima relación con algunos pintores de la época y de haber sido su hermano un tenaz promotor de sus obras) no fueron consideradas arte (inclusive no pudo vender un solo cuadro en su vida) y sí mucho tiempo después, alcanzando en el mundo del siglo XX cotizaciones impensables.

Diferencias, no categorías

En nuestro continente, tanto en el tiempo de la invasión (todo el siglo XVI) cuanto desde milenios antes (entre 40.000 y 70.000 años) y ahora, en las comunidades nativas aborígenes sobrevivientes desde Alaska a Tierra del Fuego, *no existía ni existe la división* que diagnostica valores disímiles y excluyentes en las expresiones culturales. Constatación ésta que, insisto, no apunta a determinar si una óptica es mejor o peor que la otra. Por el momento, dejando abierta la discusión, sólo me limito a sugerir que la manera de concebir y actuar la producción humana simbólica, intelectual y manual en América era y es "diferente" de la de Europa occidental, al menos de la de sus dos últimos milenios de historia, en especial desde su Edad Media.

Es probable que la mayoría de los nativos contemporáneos de nuestro continente –"nativos" en el sentido de emergentes de esta tierra, nacidos aquí, no sólo los aborígenes– piensen y actúen todavía en la óptica y convicción impuesta metódicamente como superior, única y verdadera por aquellas élites y superestructuras religioso-políticas, en contraposición a la praxis y manera tradicional de entender y sentir la producción humana manual sobre cualquier soporte material y con cualquier técnica propios de este continente. Pero tal adhesión –se trate de diseñadores, pintores, escultores, ceramistas, orfebres, talladores, tejedores, educadores e industriales que realicen o difundan diseños artísticos– es, sin duda, circunstancial y degradable en el tiempo, quizás a largo plazo. Es una consecuencia casi lógica del sometimiento cultural sofocante de que fue y es objeto nuestro continente por parte de la estructura de pensamiento cívico-religioso de aquella Europa de los siglos XV al XVIII.

Como se sabe, el transplante global sistemático de marras apuntó prioritariamente al desplazamiento de los idiomas nativos –verdaderas ventanas de su cultura– y a sus cosmovisiones generadoras, precisamente, de la función de sus creaciones plásticas y de las simbologías significantes que los nativos reflejaban y reflejan espectacularmente en sus obras.

Sin duda aquel transplante monolítico del siglo XVI resulta hoy difuso, imperceptible e, incluso, involuntario y normal para quienes confusamente se sienten de extracción o tradición europea. El sistema ha penetrado con tal fuerza en la estructura social y personal (subjetiva) al punto de suponerse y enseñarse sin el menor cuestionamiento que "nuestra" historia y cultura, "nuestra" tecnología y arte, empiezan apenas hace 500 años, cuando supuestamente ingresó el verdadero hombre –¿el europeo?– con la misión de "hominizar", civilizar y salvar a los "antropoides" de este continente, aunque seamos conscientes de que sus intenciones, los hechos y las consecuencias hayan sido otras.

Pero esa adhesión, reitero, al sistema europeo de pensamiento y a la praxis medieval y renacentista de aquella época –que en muchos aspectos sigue vigente, sobre todo en lo religioso– no deja de ser adhesión a una realidad no necesariamente negativa pero superpuesta a lo medular de nuestro también milenario continente. En efecto, la incorporación masiva de los postulados del "Occidente cristiano" –con excepciones cada vez más numerosas y dignas– es o puede ser transitoria porque su sistema filosófico-práctico, impuesto metódica y compulsivamente, se apoya en una premisa falsa de un silogismo escolástico ingenuo (en realidad perverso) que llevó, con el correr de los siglos, a la casi destrucción total de la humanidad y las culturas del continente. Silogismo ingenuo y a la vez perverso que, aunque se disimule en currículas, textos, discursos y leyes inspirados literalmente en la cultura europea, se transformó en inapelable para los nativos de todos los tiempos a partir del siglo XVI, por la premisa teológico-filosófica de que *aquí,* en América, no había *hombres* como en Europa. Hombres que amaban, pensaban, se organizaban, inventaban, nacían, gozaban, sufrían, morían y se proyectaban en sus hijos y sus creaciones en un proceso normal semejante, pero muy distinto, al de los demás continentes.

En la actualidad se sigue suponiendo que "ellos" (allá) son el Primer Mundo y nosotros (aquí) el tercero o cuarto, exactamente igual que el polémico 12 de octubre, día en que el navegante Colón tropezó con los habitantes de las islas caribeñas y, al suponer que los europeos eran superiores por ser cristianos y "occidentales", los sometió inexplicablemente hasta su casi total exterminio en apenas una década. Esa sí fue la "década infame" de nuestro continente. La primera de muchas posteriores. En efecto, hoy –somos concientes, aunque meros espectadores del fenómeno– nos invade la globalización económica y "cultural", dirigida desde poderosos centros del hemisferio norte a través del cine, la TV, Internet, corporaciones internacionales, préstamos leoninos, producción masiva de "cultura" en la alimentación, vestimenta, medicina, música, literatura y también "arte". Lamentablemente mucha gente todavía cree (no por mala voluntad sino por ocultamiento y, consecuentemente, por desconocimiento) que para trascender fuera de nuestras fronteras (como si ése fuera el objetivo) en teatro, plástica, arquitectura, etc., debemos aprobar el examen de los parámetros europeos o, al menos, conseguir que nuestras obras tengan el aire de las suyas para que se inmortalicen, por ejemplo, como las ciudades y esculturas de griegos y romanos clásicos o el arte de sus edades Media, Moderna y Contemporánea. Ciertamente no se trata de comparar, pero ¿en qué son inferiores a las obras del "viejo" mundo las fabulosas construcciones y esculturas olmecas y mayas, contemporáneas de los griegos, romanos y la Edad Media, o a las de los aztecas e incas más recientes? Quien ha visto con sus propios ojos *Chavín de Huantar* (3.000 años Antes del Presente) o el *Machu Pichu* en Perú (600 A.P), *San Agustín* en Colombia (2.500 A.P), *Monte Albán* de los zapotecas (2.200 A.P.) o *Teotihuacán* (2.000 A.P.) en México, *Tikal* y *Chichén Itzá* de los Mayas (1.500-1.000 A.P), *Tiahuanaco* en Bolivia (1.600 A.P), los *Monolitos* de la cultura Tafí en Tucumán (2.300 A.P), los *Suplicantes* de Alamito en Catamarca (2.000 A.P), la *ciudad* de *Quilmes* en Tucumán o las bellísimas piezas cerámicas del Noroeste argentino diseminadas en los museos arqueológicos y colecciones privadas... sin duda reconocerá sin comparaciones la legitimidad y fuerza de la producción artística de América milenaria.

Para la clásica mentalidad etnocéntrica de Europa –quizás emergente del hecho de haber alcanzado logros científicos, tecnológicos y militares notables– y posteriormente por diversas circunstancias también para los EE.UU., los nativos de América *eran y somos de segunda,* sólo capaces de trabajar para que ellos vivan bien, de acuerdo con su categoría supuestamente superior en alguna escala humana imaginada por ellos mismos. Naciones herederas del prepotente Imperio Romano y, según se autoatribuyen en su mitología mesiánica, "elegidas" por su dios judeocristiano para iluminar y salvar al mundo con auténtica vocación colonialista en todos los órdenes de la cultura: política, religión, tecnología, arte... Lo cual, obviamente, no significa que sus propias producciones culturales no hayan sido y sean legítimas, maravillosas y, en algunos casos, hasta de nuestra preferencia en relación con las nativas en plástica, música, literatura o en cualquier otra manifestación del hombre. Pero no se trata de comparaciones competitivas sino de reconocer cada uno lo que le es propio, valorarlo, defenderlo y proyectarlo.

¿Cuándo empieza el arte argentino?

Como presupuesto de algunas reflexiones posteriores específicas sobre "arte nativo" plantearé primero una crítica a la perspectiva histórica y cultural en que fuimos educados a partir del siglo XVI, valiéndose, invasores y criollos, de una filosofía y una literatura predominantemente europeas (sobre todo a partir de las distorsionantes Crónicas) reflejadas a pie juntillas en currículas educativas, textos escolares, leyes y la misma Constitución de 1853 con las reformas posteriores. A tal punto todo esto es así que todavía hoy tanto la conciencia individual como la colectiva dan por sentado, aunque no siempre lo expresen, que "nuestra" historia y cultura (la suya, la mía y la de todos los habitantes de la Argentina) *se inicia como máximo en el siglo XV,* con la llegada de los invasores, si nos referimos al tiempo llamado "americano", *o en Europa, Asia Menor y Cercano Oriente* si de "nuestra" prehistoria se trata. A este respecto basta analizar críticamente los textos educativos de todos los niveles para confirmar que el 90% de nuestra supuesta prehistoria se retrotrae a las culturas del Mediterráneo, Asia Menor y Medio Oriente, y apenas el 7%, o menos, a América y casi nada (aunque ahora un poco más) a las del Lejano Oriente, África y Oceanía. En relación con lo que sería "nuestra historia" (que según esta hipótesis se inicia en 1492), sólo se refleja como columna vertebral el sistema de encomienda, el virrey nato y la república, dejando de lado las vertientes milenarias locales y a pueblos nativos de larga y fecunda historia que, si bien en gran parte fueron acallados y destruidos, resisten de diversas maneras y actúan su creatividad hasta el presente. En la práctica se los ignora absolutamente o, a lo sumo, se los reconoce en tanto apéndice de la historia, como si su presencia cobrara entidad desde que la "descubre" Europa.

En realidad la incidencia masiva del sistema europeo cubriendo compulsivamente la profundidad, extensión y antigüedad de la cultura continental inicia una curiosa dicotomía, absurda desde todo punto de vista, en el orden militar, político, filosófico-cultural y práctico que brindará a los invasores pingües resultados. Una dicotomía estratégica tejida inteligentemente con infinitos y retorcidos argumentos filosóficos y teológicos de su religión y tradiciones culturales, todos basados –como se dijo más arriba– en un silogismo con premisa falsa, es decir, que "aquí no había hombres como en Europa" sino sólo "salvajes y primitivos".

Durante el siglo de la invasión y la conquista militar, política y religiosa inventan para este continente un ANTES y un DESPUÉS artificial en todos los órdenes de la existencia. Instalan, cual velo salvador, un *statu quo* transplantado desde Europa y "apoyado" –como hicieron con los templos cristianos edificados sobre las bases de templos nativos– encima del *statu quo* propio de este continente. Por supuesto, una superposición violenta –única forma posible de lograrlo como en toda invasión– que, hasta conseguirlo, les costó un siglo (el XVI) de ardua "tarea", con resultados suculentos pero disímiles y relativos según las regiones.

En consecuencia, nuestra supuesta prehistoria continental, ANTES de llamarse América –por cierto según el concepto de mercaderes, misioneros, cronistas e intelectuales invasores–, sólo ostentaba *salvajismo y barbarie, superstición e inmoralidad*. En cambio, DESPUÉS del "providencial" advenimiento del sistema global europeo habrían comenzado la historia y la civilización, la verdadera ética, el arte y la inapelable "revelación" que, de hecho, acomodaron a su placer para proclamar y hacer lo que quisieron con cuerpos y almas, términos y conceptos éstos de su propia e ingenua división filosófico-dualista del fenómeno "hombre". Lo más impactante de esta perspectiva es que surgió de una supuesta "revelación divina" excluyente (para los cristianos inapelable) que sólo tuvo en cuenta al hombre bautizado por los cristianismos católico, ortodoxo y el heterodoxo antirromano del naciente protestantismo, para entonces en feroz guerra entre ellos. Ambos enarbolaron alegremente un dios discriminador frente a los "antropoides" de este continente. Bástenos recordar dos fragmentos del pensamiento institucional del sistema vigente por aquel entonces en Europa. El *Requerimiento* de 1513, que debía leerse a todos los nativos antes de ser sometidos, expresa: *"Vos... requiero reconozcáis a la iglesia por señora e superiora del universo, é al Sumo Pontífice llamado Papa en su nombre, é al rey é a la reyna como señores superiores... si no*

hiciéredes... con el ayuda de Dios entraré poderosamente contra vosotros é vos traeré gue-
rra... é vos subjetaré al yugo é obediencia de la iglesia é a sus altezas é tomaré vuestras
personas é vuestras mujeres é hijos é los haré esclavos... los venderé, é tomaré vuestros
bienes, é vos haré todos los males é daños que pudiere".

Este documento, suma de perversión y caradurismo, era leído en castellano antiguo o en latín a nativos que ignoraban tales idiomas o, peor aún, mientras dormían. En pocas líneas resume a la perfección el accionar de Europa en América. Un *Requerimiento* que, nos duela o no según las convicciones de cada uno, nunca fue condenado ni desmentido frontal-mente por las iglesias y países europeos verdugos, si bien para nada serviría algún arrepen-timiento o lágrimas de cocodrilo –a no ser por una incondicional restitución, por cierto impensable–, porque la destrucción está consumada y porque esas iglesias se siguen presen-tando como únicas verdaderas y, en ocasiones, protegidas y "oficiales" de las naciones invo-lucradas. Precisamente dos de sus voceros más influyentes de la primera mitad del siglo XVI brindaban los argumentos filosófico-teológicos al perverso documento proclamando: "...[los nativos] *son siervos a natura* [en su esencia], *contando de ellos y de su incapacidad tantos vicios y torpezas que* [...] *se les hace beneficio en quererlos domar, tomar y tener por escla-vos...*" (teólogo asesor de los reyes Juan Ginés de Sepúlveda, desde Europa, y obispo Tomás Ortiz en América).

En síntesis, ANTES de ellos, y según ellos, no hubo en nuestro continente una humani-dad con su propio proceso cultural elegido día a día, año tras año, siglo a siglo, milenio tras milenio a partir de su ingreso al continente desde Asia, donde se desplazaba el *mismísimo hombre* que estaba también instalado en el resto del planeta.

DESPUÉS del ingreso "occidental", sin embargo, nos han enseñado, y nos enseñan, que la verdadera historia, cultura y posibilidad de sus habitantes de hacerse hombres completos se habría iniciado en la medida en que adoptaron el sistema europeo, tanto político-econó-mico cuanto simbólico-filosófico. Pero esta dicotomía no fue ingenua y casual sino estraté-gica y tenaz. Con ella dibujaron su superioridad y posibilidad de actuar con desparpajo en el continente y apoderarse de él sin ningún tipo de remordimiento frente a su ley religiosa de "amar al prójimo". Uno debe preguntarse ¿qué prójimo?... y surge una respuesta obvia: ellos, sólo ellos y entre ellos, probablemente una actitud no muy distante, aunque solapada, de lo que sucede en la actualidad con otras características avasallantes, disimuladas además por obsecuentes americanos que pretenden identificarse o sentirse avalados por aquel "Pri-mer Mundo" para tener entidad propia.

En acción tipo comando se propusieron destruir lo vertebral de la cultura de nuestro continente: su libertad, idiomas, códigos éticos propios, cosmovisiones y costumbres que daban sentido a su existencia, a su proceso milenario, muy distinto por cierto del de Europa, pero legítimo puesto que sus habitantes lo habían creado. Intentaron e intentan quebrar –y en gran parte lo lograron– la continuidad del proceso que, a su pesar y de algunos "america-nos" obsecuentes de todos los tiempos, se continúa cual torrente subterráneo y a modo de transición en la larga historia de más de 40.000 años en el continente y no menos de 20.000 en territorio argentino. Proceso humano que, más allá de discusiones teóricas y apariencias, sigue vigente en los habitantes de América. Nótese que digo "habitantes" sin distinción, sin antes y después, sin europeos, criollos o aborígenes, puesto que el proceso de referencia y las vertientes propias de nuestra tierra no sólo se continúan en las personas que hoy reclaman su identidad de "indios" que, en realidad, sólo son, y nada menos, "habitantes" de América de raíz cultural prehispánica. Simplemente "habitantes", tanto ellos como nosotros, sin duda biológica y culturalmente mestizos pero ambos emergentes de esta tierra y, en consecuencia, comprometidos con ella y su larga historia.

Para asumir toda la amplitud de nuestra Identidad, de nuestra Historia y Cultura milenarias, es preciso entender que en la hoy mal llamada "América", desde que los primeros hombres ingresaron al continente siempre, sólo hubo habitantes inteligentes y amantes, libres de optar por una u otra forma de vida propia, es decir, por una cultura.

He afirmado que eran "libres de optar" por una determinada cultura, lo cual me lleva a reflexionar brevemente sobre este remanido concepto para desembocar a modo de conclusión en el tema puntual propuesto en este acápite.

"Cultura" o "ser culto" no significa saber más, tener títulos, ser brillante en algún rol, tener poder y, menos aún, adquirir algo preestablecido o en venta en góndolas de supermercados culturales. No es un concepto a justificar o explicar en cátedras –aunque así lo defienda cierta mentalidad elitista–, sino *el devenir de cada pueblo que cristaliza de diferentes formas. Es el resultado dinámico y cambiante de determinadas estrategias de vida de un grupo humano para subsistir y vivir como tal y coherentemente.*

Es obvio que me refiero a cualquier pueblo y a todas las estrategias: cosmovisión y mitología, idiomas, organización familiar y política, ciencia y tecnología, arte y diversiones. Para América preeuropea, y para muchos todavía hoy, la pintura, cerámica, escultura, tejeduría y toda otra expresión instrumental y simbólica, fundamentalmente constituyen estrategias de los pueblos en orden a vivir lo mejor posible, tanto para comer-subsistir cuanto para morir-trascender de una manera digna y menos angustiante. Esto es así en el planeta desde que el antropoide se transformó en *Homo sapiens,* en forma precaria al principio y con más elementos acumulativos y heredados después, hasta el presente y hacia el futuro. En tal sentido, no se debería hablar de hombre "primitivo" o de culturas "arcaicas" o "primerizas", sino simplemente de estrategias del *Homo sapiens* que fueron cristalizando y enriqueciéndose por acumulación de conocimientos e intercambios en cualquier lugar del mundo. Dinamismo del fenómeno hombre o humanidad que sigue y seguirá tan vigente como entonces.

El arte nativo no busca "el arte"

El *Homo sapiens,* desde su ingreso al continente hace aproximadamente 40 milenios, para cubrir sus necesidades y apetencias se vale de elementos a su alcance: hueso, madera, piedra, fibras y colores vegetales, y, para el mismo fin, no menos de 6.500 años antes del presente inició una asombrosa producción cerámica con técnicas, diseños y simbolismos de su propia invención o, quizás, logrados de otros pueblos lejanos extracontinentales pero con la impronta de su particular modo de vida, con un mismo objetivo y desde su cosmovisión: *en función colectiva, utilitaria y simbólica.* En tal sentido, si nos limitamos sólo a los dos últimos milenios de la historia humana paralela de Europa y América, podemos apreciar que en "Occidente" se preocuparon y preocupan notoriamente por afianzar el arte en tanto entidad autónoma, resaltar al artista, las tendencias, precios y colecciones. Es su opción, tan respetable como otras. Pero en América no hubo "arte" en tal sentido. Ni en la cerámica, ni en otra expresión cultural, sino estrategias y roles para satisfacer necesidades de la existencia multifacética. Por lo tanto, en su estupenda cerámica, pintura, escultura y demás, no hay que buscar arte aunque la obra sea artística, sino funcionalidad y significantes –que son también funcionales para una dimensión que busca la trascendencia– realizados con responsabilidad. Lo resume bien J. Fernández Chiti en su obra *Cerámica indígena arqueológica argentina*:

"Desde el punto de vista de la división actual de la actividad cerámica entre arte por un lado, y artesanía por el otro, la cerámica arqueológica configura una objetivación sui géneris, típica y muy característica, que no debe adscribirse a ninguna de ambas. Nuestros indígenas no firmaban sus obras, ni las usaban para apuntalar el narcisismo individualista sobre el que se asienta gran parte de nuestra cultura artística... Ellos trabajaron [y trabajan] dentro de un nivel artístico tanto desde el punto de vista cualitativo cuanto desde el que se refiere a lo ideativo. Pero se trataba [y se trata] de una realidad estética diferente, en la cual el arte se hallaba pautado comunitariamente, ya que funcionaba [y funciona] dentro del contexto ideológico y espiritual local" (1997, p. 23).

El arte para el nativo de América prehispánica, que sigue vivo en nuestros días, no es ante todo "arte", sino recurso existencial estratégico y colectivo que muchos observadores, mentalmente foráneos a la cultura que lo produjo, determinan cuánto de arte tiene y, por lo tanto, cuánto vale en vidrieras o subastas.

Sin duda la cerámica de América y su decoración simbólica, o simplemente decorativa, de hace miles de años (por ejemplo, la de *Valdivia* en Ecuador; *Chavín* en Perú; *Tiahuanaco* en Bolivia o *Condorhuasi* en Argentina) y de ahora, cuando es auténtica en el sentido que vengo explicitando (es decir, emergente de la comunidad y para la vida de ella, aun cuando sea producida por individuos), es también bella, impactante, hermosa... pero esencialmente funcional en relación con la totalidad del hombre (los filósofos clásicos europeos dirían "en relación con su cuerpo y espíritu"), de modo que también la no tan hermosa o artística en el concepto occidental, para nosotros cumple su función en plenitud. Y allí radica el valor fundamental de la obra.

Por cierto que la cerámica *Inca* y *Chimú* o la nuestra de *Ciénaga* y *Santa María* parecen, para nosotros y el mundo, más hermosas o artísticas que la *Charrúa* o *Querandí*, pero son expresiones igualmente importantes dentro de su propio estilo de vida y responden a sus expectativas.

Ahora bien, el americano de hoy (obviamente me refiero a todos los habitantes de América, estadounidenses incluidos), aun el que se considera "indio", ha perdido en gran parte esa perspectiva de modo que hace o produce cualquier obra para agradar o vender más y mejor. La razón fundamental es porque se nos han impuesto un estilo de vida y una cosmovisión que no son los propios y emergentes de esta tierra. Hemos perdido, con excepciones, la conciencia de la continuidad de un proceso que se inició hace miles de años y se afianzó a través de los siglos. Lo cual probablemente sea irreversible.

En consecuencia, las expresiones artísticas concretas son seleccionadas, valuadas y nominadas para ser arte, pero frecuentemente carecen de contexto histórico-cultural propio y no siempre son emergentes de él. En el ámbito del arte o de la artesanía (según división de la jerga occidental) muchas veces se hace cualquier cosa para vender agradando a nuestros sentidos y demandas condicionadas por pautas foráneas que en la actualidad inciden sobre todo a través de los Medios Masivos de Comunicación. No son significantes de una realidad y cosmovisión protagonizada por los creadores. Se las toma como medio para ganar dinero, desgajadas de un contexto que genera símbolos y diseños significantes, no meramente decorativos. Lo que no está mal ni es condenable, pero no se corresponde con la fuerza creadora de culturas armónicas y coherentes de la América profunda y milenaria, como es el caso, por ejemplo, de los *Inuit* (esquimales) del norte del continente.

Las expresiones culturales *Inuit*, que han evolucionado como mínimo a lo largo de 4.000 años, están imbuidas de tradiciones y funcionalidad. La fuerza y sensibilidad de su arte derivan de su relación con los "seres de la tierra" (*nunamiut*), que conlleva la idea de *compartir* y *enlazar* dentro de un todo armónico. La forma que al final tenga una piedra labrada es fundamental en la medida en que transporte al artista-artesano, a quien la usufructúa o al espectador, al mundo del medio ambiente y del *nunamiut*. El arte *Inuit* es una herencia remota de interés histórico actual. Para el resto del mundo puede tratarse de un arte refinado o de una artesanía folklórica o de un patrimonio artístico importante... pero para los *Inuit* (bien plantados desde milenios en América) sus obras simplemente existen y representan el pensamiento o la historia de su pueblo. Inclusive estos habitantes del Norte, que poseen sus colecciones históricas en sus propios museos, recuperan piezas de gran significado cultural con propósitos educativos en función de nuevas generaciones y todo bajo la perspectiva de servir a la tierra y a la comunidad. Este comportamiento tiene visos de ser una utopía, pero fue, y todavía es, una realidad que al menos puede hacernos reflexionar.

¿Significa que el diseñador, pintor, ceramista, escultor, tejedor, cestero o tallador actual de la Argentina debe cambiar? Aunque fuera lo ideal intentar el cambio, reconozco que es muy difícil por motivos obvios: 500 años de invasión colonizadora e imposición de una cosmovisión y de códigos culturales foráneos. En todo caso mi intención con estas reflexiones es enriquecer la discusión, que ciertamente no es nueva, hacia una producción más auténtica, más veraz y original, sobre todo propia de este continente y de nuestro territorio, cuya historia no empieza ni en 1810 ni en 1492, aun cuando esos hitos sean importantes para nosotros y nuestra realidad actual.

Mujer wichí tejiendo una *yica* o *hilú* con dibujos simbólicos (1985)

DISEÑO CLÁSICO NATIVO Y ACTUALIDAD

L os diseños nativos de la Argentina están a nuestro alcance en sitios y museos arqueológicos diseminados por todo el país; también en importantísimas publicaciones especializadas que lamentablemente casi no se reflejan en el sistema educativo (cfr. Bibliografía). Es posible que el común de la gente de cualquier nivel (desde el "analfabeto" del idioma hasta el "culto" universitario) los desconozca, pero están allí, tanto como las creaciones de babilónicos, asirios, egipcios, griegos, romanos, europeos de la Edad Media y el Renacimiento. Lo importante es detectarlos uno mismo, sin prejuicios, aunque más no sea por curiosidad y, desde allí, indagar su contexto cultural-simbólico y su capacidad de inspirarnos en nuestras creaciones.

Entre los difusores del diseño nativo clásico arqueológico y actual, hay quienes simplemente lo usan y hacen conocer sin demasiadas clasificaciones. Otros, en cambio, establecen "estilos" e innumerables divisiones. Ambas tendencias son válidas en la medida en que sirven para reconectarnos realmente con la originalidad y riqueza del diseño propio de América y la Argentina. Sin embargo, la segunda tendencia, la de establecer estilos y aplicar nomenclaturas foráneas al interior de distintas épocas o de una en particular, a mi criterio presenta serios riesgos que vale la pena tener presentes, sin pretender por eso desautorizarlos porque seguramente tienen sus fundamentos aun cuando no los compartamos, entre otras razones por ser, esos argumentos, muy distantes de una mirada etnográfica que permita emerger lo más característico de las culturas en cuestión, representadas, en este caso, por sus diseños, su simbólica y sus dibujos.

Los riesgos pueden reducirse a uno vertebral, es decir, el de ocultar, tras el intrincado laberinto de clasificaciones y estilos, su significación y función para la vida concreta/histórica de la comunidad protagonista, creadora de estas expresiones culturales.

Ciertas clasificaciones y nomenclaturas, originalmente aplicadas a obras producidas en circunstancias témporo-espaciales y culturales totalmente distintas a las de este continente (como son las europeas), que esquematizan y determinan "estilos" en los diseños, simbolismos y dibujos empleados en la creación ergológica y mítico-religiosa autóctona, pueden confundir la realidad única de donde surgieron y, sobre todo, supeditar sus valores subyacentes a criterios o pautas que no las representan.

En rigor estas clasificaciones y nomenclaturas, si bien conllevan intenciones didácticas positivas que responden a un proceso humano cultural-artístico paralelo al de América milenaria, tácitamente niegan la ideología que impulsó y está impresa en las obras; o terminan por disimular involuntariamente la función, tanto del objeto en sí mismo como del diseño y dibujos de todas las épocas de este continente. Épocas, por otra parte, en las cuales no existía ni la idea ni la preocupación del "arte por el arte" y sus "estilos". Lo negativo de tal enfoque quizás no sea tanto clasificar didácticamente la enorme producción nativa cuanto hacerlo desde afuera, con herramientas y lenguaje que, además de encerrar contenidos foráneos, no surgen ni consuenan con la realidad que se clasifica.

Sería más lógico identificar cúmulos de obras, o algunas de ellas, con un nombre que las reconozca como emergentes de una cultura concreta: *Condorhuasi, Santamariana, Aguada...* si se refiere al pasado; *Chané, Wichí o Mocobí...* de la actualidad nativa.

Considero que no es conveniente referirse a la producción artística nativa de América con términos conceptuales como "abstracta", "barroca", "expresionista", "impresionista", etc., originalmente aplicados a producciones europeas desde sus propios parámetros. Hacerlo para la producción nativa implicaría una simplificación ingenua o, al menos, inapropiada para captar y entender todas las dimensiones de la obra: el contexto generador, sus contenidos y diseños.

En los autores, por ejemplo, de las pinturas rupestres remotas, de la cerámica *Ciénaga* o de los "suplicantes" *Alamito...,* no hubo intención de crear un estilo "ingenuo", "barroco" o "impresionista", ni tampoco por parte de la comunidad contenedora, sino simplemente expresarse desde sus códigos cosmovisionales, con su sentido estético y técnicas alcanzadas hasta ese momento. Las características propias de una cultura, y de otras adyacentes o distantes que puedan tener ciertos parecidos y diferencias, cristalizaron desde el contenido, ideología y fuerza creadora de cada cultura. Siempre en función de comunidades que evolucionaron por su propio dinamismo.

"Debemos precavernos y estar alertas contra el simplismo en que incurren algunos autores, quienes ingenuamente pretenden efectuar 'análisis formales' o de diseño en las obras arqueológicas, aplicándoles a ellas las categorías de la moderna 'teoría del diseño'. Dichas categorías, basadas en la búsqueda del equilibrio, la organización plástica, la compensación de masas plásticas (ya sean volúmenes o planos de color), la unidad y la variedad, caen en lo ridículo cuando se las pretende aplicar a obras realizadas por nuestros indígenas. Ellos no racionalizaban, característica ésta propia de la cultura europea, e impuesta en todo el mundo actual" (J. Fernández Chiti, *Cerámica indígena arqueológica argentina,* Ed. Condorhuasi, 1997, p. 29).

Sin embargo, algunos difusores y recopiladores de diseños nativos clasifican sin necesidad a la producción cultural artística visual o gráfica en "abstracta", "geométrica sagrada", "ideológica modal", "figurativa naturalista" con "barroco" y/o "expresionista", "idealista" con "purista", "barroco", "expresionista" y/o "super-realista", "abstracto geométrico" con "purista y/o barroco", "concreto" con "purista, híbrido y/o barroco", etcétera. De ese modo se sobrevuela la creación de las obras en sí y, además, complica el horizonte cultural de donde emergieron.

Tales clasificaciones, con nomenclatura foránea y advenediza desde la invasión cultural hasta el presente, si bien pueden ser legítimas en y para el lugar de donde emergieron, resultan como mínimo riesgosas para una cabal ubicación témporo/espacial del objeto cultural nativo en su contexto. A mi criterio, poco o nada sirven para comprender tanto el hecho en sí mismo cuanto los diseños y símbolos nativos que casi siempre manifiestan vivencias y filosofías concretas de un pueblo o nación en sus distintas etapas.

Dividir, entonces, la producción cultural milenaria de nuestro continente, y de la Argentina en particular, en barroca, abstracta, impresionista, super-realista, etc., no niego que globalmente pueda ayudar a resaltar su múltiple y espectacular existencia, pero también induce a confundir la realidad y, de algún modo, supeditar su identidad y comprensión a pautas e interpretaciones foráneas. En cierto sentido sería, aunque no sea ésa la intención de quienes establecen tales sofisticadas clasificaciones, suponer que el sistema filosófico-mítico y estético europeo es el modelo superior o, quizás, la vía más calificada para entender "nuestra" –es decir la de esta tierra– producción cultural. No es ni fue así en América, África o Asia. Cada contexto tiene su propia realidad y lo normal sería expresarla y nombrarla desde su idiosincrasia.

No se trata de que una u otra forma de abordar la realidad sea correcta o falsa, sino simplemente de no aplicar a lo nuestro parámetros y nombres que se aplicaron y aplican a otra producción cultural de otro continente cuya evolución y concepción del arte siguió caminos diferentes al de América milenaria.

En consecuencia, parecería más oportuno y acorde a los hechos históricos designar a nuestras creaciones con nombres que surjan de la propia investigación arqueológica y etnográfica local, es decir, obras –cualesquiera sean– *Condorhuasi, Las Mercedes, Sunchitúyoc, Alamito* y demás, reconociendo en ellas características y matices propios que las diferencian o agrupan según el caso.

El diseño nativo ¿es sólo una moda?

La utilización del diseño nativo en diferentes expresiones culturales de la actualidad, por parte de quienes no son ni se reconocen aborígenes, se afirmó durante la segunda mitad del siglo XX gracias a la tenaz investigación y difusión de arqueólogos, etnógrafos, antropólogos e historiadores[1] que a partir del siglo XIX transmitieron sus conclusiones en publicaciones, fotografías y dibujos de sus hallazgos en sitios con pintura rupestre, escultura, cerámica, tejeduría y cestería. Posteriormente a todo ello, al ser exhibido además como patri-

[1] Para la segunda mitad del siglo XIX y primera del XX, entre otros investigadores, merecen explícita mención: Francisco P. Moreno (1852-1919), Adolf Methfessel (1836-1909), Roberto Lhemann Nietsche (1872-1938), Félix F. Outes (1878-1939), Juan B. Ambrosetti (1865-1917), Luis M. Torres (1878-1937), Samuel Lafone Quevedo (1835-1920), Eric Boman (1868-1924), Adán Quiroga (1863-1904), Salvador Debenedetti (1884-1930), José Imbelloni (1885-1967). Más recientemente: Enrique Palavecino, Antonio Serrano, Eduardo Casanova, Francisco De Aparicio, Osvaldo Menghim, Marcelo Bórmida, Alberto Rex González, Carlos Gradín, Dick Ibarra Grasso, Rodolfo Casamiquela, Luis Orquera, Guillermo Magrassi, Luis A. Borrero, Carlos Aschero, Juan Schobinger, Ana M. Lorandi y otros.

monio nacional en museos y colecciones privadas, nos permitió al común de la gente reencontrarnos con esas maravillas y descubrir su gran contenido estético e ideológico.

Pero surgen interrogantes lógicos: el interés por el diseño nativo ¿no es, hoy, apenas una moda pasajera o una copia irresponsable de lo que uno mismo no es capaz de hacer? Yendo más al fondo de la cuestión: utilizar dibujos nativos remotos o clásicos en nuestras obras (diseño, plástica, artesanía en general, industria, etc., y literatura) tal cual los hemos heredado, o inspirarnos en ellos, ¿no sería copiarse inadecuadamente desvalorizando de esa manera nuestra capacidad creativa personal y de expresión del contexto cultural que nos toca vivir? En última instancia, esta praxis ¿implicaría confundir al destinatario de nuestras obras al impactarse por diseños y contenidos que no hemos creado?

En mi opinión, ni una ni otra cosa por dos razones no excluyentes:

1) El arte nativo argentino y sus diseños globalmente considerados en el tiempo y espacio de nuestro territorio, constituyen una producción gráfica fundamentalmente simbólico-funcional, emergente y expresiva de un largo y denso proceso humano local. Proceso que fue cristalizando gracias a la convergencia original intransferible de determinados ecosistemas y de las necesidades y aspiraciones del hombre y pueblos que, a lo largo de centurias o milenios, habitamos esta tierra hasta el presente. Precisamente por ser la producción cultural nativa de referencia emergente del lugar donde también nosotros –habitantes del siglo XXI– hemos nacido, nos pertenece y nos convoca aun cuando muchos argentinos desconozcan todavía su significado e historia o erróneamente se consideren "europeos" por portar apellidos, algunas costumbres y técnicas –por cierto ya mestizadas– de supuesto origen extracontinental, las cuales, por otra parte, es innegable que tienen su propia riqueza y fascinación.

Ahora bien, cuando nos referimos al arte y diseño nativos (o a cualquier otra manifestación cultural) no deberíamos obviar la cercana irrupción europea y el paréntesis forzoso que ésta impuso masivamente al normal desarrollo del sistema mítico-simbólico y funcional que se venía dando en el continente y en la Argentina más concretamente.

Esta irrupción prepotente, irracional y cruel desde todo punto de vista, no eliminó –aunque los invasores así lo hayan supuesto y enseñado– el torrente cultural milenario del que se valían y enriquecían las naciones y pueblos que fueron desplazados o sometidos por la fuerza de argumentos "militares" y "espirituales" –en muchos casos perversos, en otros, etnocéntricos–, ambos ilegítimos en tanto compulsivos.

Desde muchísimo antes de aquella irrupción los habitantes de nuestro continente lograron paso a paso una inimaginable producción filosófica, simbólica y artística (es decir, bella y a la vez significante) aunque los europeos la hayan negado o disimulado por conveniencia. Tanto los invasores de vanguardia cuanto los que seguían atentamente sus acciones desde Europa sabían muy bien que estaban en presencia de un verdadero sistema de vida y de incontables maravillas "descubiertas" y destruidas o robadas sin piedad. Recordemos el calificado testimonio de Alberto Durero, artista alemán que en 1525, al contemplar obras saqueadas por Cortés y exhibidas por el rey en Europa, escribió: *Nada de cuanto viera anteriormente había alegrado tanto mi corazón. Los objetos que del nuevo país del oro –se refiere a nuestra América– trajeron al rey, comprenden, entre otros, un sol de oro macizo, ancho como los dos brazos extendidos, y una lámina de plata de la misma anchura. También hay dos salas repletas de armas de todas clases, corazas y otros objetos extraordinarios, más bellos que maravillas (¡y lo dice un* gran artista según el criterio europeo!*). Algunos revelan un arte sorprendente, a tal punto, que permanecí estupefacto ante el sutil ingenio de los habitantes de esos lejanos países...*" (del *Diario* de Alberto Durero, citado por Von Hagen en *Le Royaumes du Soleil*, Sequoia, París).

Hasta el momento de la invasión toda la producción artística autóctona fluía sin escollos en forma anónima y en función de la comunidad, para su deleite y existencia. El o los artistas eran emergentes de la realidad y de su entorno. No se imponían por veleidades personales o creaciones subjetivas descontextuadas, sino que, a partir de un patrimonio ancestral y con el sello de su propia personalidad, brindaban sus diseños y dibujos significantes a la utilización e interpretación del grupo. Por tal motivo, si bien con matices, en el largo tiempo y espacio de nuestro continente y del territorio argentino encontraremos repetidos ciertos simbolismos y motivos decorativos significantes en todas sus obras: en pinturas, cerámica, tallas, tejidos, esculturas, cestería, pirograbados, etcétera.

Retomar aquellos dibujos –obviamente también los actuales de los aborígenes– es legítimo, y no se debe considerar como mera "copia", sobre todo si, a partir del simbolismo, recreamos el diseño y líneas características de uno u otro dibujo.

En este sentido naciones contemporáneas como México, Ecuador, Perú o Bolivia, oficial y extraoficialmente, utilizan sin reservas símbolos nativos de origen prehispánico para decorar su producción cultural comunitaria (en plazas, monumentos, estaciones de subte, publicidad, edificios públicos, murales, infraestructura urbana y rural, producciones industriales de uso y decoración, por ejemplo, telas, monedas o billetes, etc.). En general, la población de estos países los acepta con orgullo y los disfruta porque los entiende y aprecia como distintivo de su identidad de nación frente a la avalancha indiscriminada y de mal gusto de motivos anodinos foráneos, casi siempre impuestos a presión por la TV, sutil arma del colonialismo contemporáneo. Obviamente media un trabajo intenso de concientización en el orden educativo e histórico que falta todavía en la Argentina.

2) Utilizar los diseños nativos de manera manual o industrial no es "copiarse" si se los integra y/o recrea en el conjunto de la obra. Se supone que el realizador actual –aborigen o no– encuentra en ellos significados concretos con los que se identifica de algún modo (por ejemplo, el dibujo de un batracio como elemento del mito de origen de la nación *Chané*) o, simplemente, le fascinan y agradan desde el punto de vista estético visual. Es asombroso en el arte europeo de los dos últimos milenios, cuánto se han copiado en ese continente –también en América a partir del siglo XV– sus símbolos mítico-religiosos y bélicos llevados a la plástica y escultura: el pez, cruz –muy común en la pre-América–, serpiente y lechuza, sol y luna, "pesebre", triángulo, etc., sin embargo no se discute la legitimidad del uso de esos símbolos. En realidad no es "copia" sino recurso expresivo para representar determinados códigos y sentimientos de una comunidad o región, cristalizados a través del tiempo como dibujos/diseños que expresan y retransmiten esas vivencias.

El realizador actual que de algún modo retoma símbolos nativos tiene el deber, por supuesto, de conocer su origen y significado para luego plasmarlo con mayor libertad, jugando incluso con su propia creatividad. Pero también puede utilizarlos dentro del conjunto de su obra tal cual los hemos heredado porque son bienes de la humanidad que no reclaman para sí dueños –como es, sin duda, el caso de cierto arte moderno– quedando habilitado con todo derecho a recrearlos en la medida en que le gusten, entienda y reconozca su origen. En tal sentido, hoy, muchos diseñadores, plásticos, ceramistas, publicistas e industriales, retoman aquellas tradiciones que emergieron del proceso cultural de América y que están profundamente arraigados en el subconsciente continental, de tal modo que les reconocen identidad para representarnos y belleza para agradar nuestros sentidos.

Nutrirse también del pasado no es renegar del presente

Cualquier profesión positiva e involucrada con lo visual (arquitectura, diseño, plástica, artesanía o cualquier otra) en la medida en que tiene proyección social, es decir, dirigida al hombre pensante, amante y partícipe de una comunidad, *es mucho más que una profesión.* En el decir del arquitecto Gastón Breyer, refiriéndose específicamente a la arquitectura, sería *"arte, ciencia y filosofía",* o, desde mi óptica aplicada a la producción cultural nativa, *filosofía, ciencia y arte.* Justamente los diseñadores nativos clásicos, expresándose desde hace miles de años en construcciones, esculturas, pinturas, cerámica y tejeduría, encarnaron a su modo esa perspectiva, esto es, crearon sus obras a partir de contextos filosóficos emergentes de su cultura, asumiendo tenazmente su patrimonio científico y técnico y gestando resoluciones decorativas notables para la transformación de los soportes que eran realizados para distintas necesidades de la comunidad, simbólicas y de sobrevivencia biológica.

Si bien parece indispensable partir del contexto histórico-cultural propio, al mismo tiempo es preciso reconocer que en el devenir de la historia no estamos aislados como nación o cultura. Sería absurdo ignorar el peso y las incidencias internacionales, por ejemplo, de la arquitectura o del diseño, aunque la permeabilidad en la dimensión que nos ocupa, o en cualquier otra, debería apoyarse siempre sobre una base genuina propia regional, de modo que nuestras creaciones –puramente artísticas y/o funcionales– se arraiguen o sean emergentes del proceso histórico-cultural del hombre del hoy territorio argentino. De una humanidad histórica –mal que les pese a quienes todavía suponen que la historia empezó en nuestro continente con el ingreso de la escritura europea– que lentamente (ahora todo es "rápidamente") produjo filosofía, ciencia, simbólica y arte propios, que se retransmitieron de generación en generación, dándole a nuestro continente un acervo cultural que subyace aunque a veces lo ignoremos. Es obvio que poner el acento en la filosofía, ciencia, tecnología y simbólica locales –lo que resulta bastante improbable en esta instancia porque, si bien involuntariamente, todavía se las desconoce– no es volver al pasado por añoranza, sino reconocer un arraigo genuino que enriquece nuestro presente y nos identifica frente a las demás culturas y continentes. Es un sano mecanismo del hombre y de los pueblos. En definitiva es lo que hacen europeos, chinos o hindúes: no descuidan su propio pasado. El problema en América, particularmente de la Argentina, reside en que se considera como pasado "nuestro" al de Europa, habiéndose torcido, de ese modo, la dirección natural del eje de la historia del continente. En efecto, a partir del siglo XVI "occidental", se considera como origen o puntapié inicial de la historia local a la incidencia fortuita y reciente (apenas 500 años) de una cultura foránea sobre otra milenaria. Quizá esta observación resulte reiterativa y a la vez sutil para nuestra conciencia, desconectada por siglos de aquella circunstancia, pero no lo es para el sistema educativo, en el cual claramente se omitió y se omite el fecundo proceso experimentado en nuestro continente a favor de otros foráneos: los procesos de Europa, Asia Menor y Medio Oriente. Metafóricamente diríamos que en 1492 por arte de magia (en realidad no fue magia sino cruenta invasión que la humanidad no debería olvidar como uno de los genocidios más crueles), el eje de la historia continental *se torció* hacia el oriente de nuestra situación planetaria, desviándose cultural y temporalmente hacia Eurasia. Más allá de esta derivación, si se quiere interpretativa y discutible de la historia, no se trata de contraponer lo "nacional" con lo "internacional" o foráneo, ni de jerarquizar diversos emergentes de la creación artística, sino de ser nosotros mismos con lo genuinamente nuestro y desde allí crear con libertad, amplitud y solidaridad.

Cuando se propone al profesional de la forma y de la comunicación visual la utilización del diseño clásico nativo no se intenta reemplazar su esfuerzo creador ni de facilitarle la producción intelectual, simbólica, imaginaria y funcional a expensas de la capacidad personal. Gastón Breyer, en relación con la elaboración de un proyecto de arquitectura "nuestra", lo expresa de esta forma:

"En un primer momento lo fundamental sería desarrollar una potencialidad de imaginario [...] después un momento basado en el vector de la percepción [...] que implicaría la aceptación de un sistema simbólico de la realidad. Es decir, percibimos al mundo y tratamos de que nuestra percepción sea la expresión más exacta de la realidad, pero que va a ser una realidad simbólica, es decir, una realidad cultural [...]. Y luego un tercer momento que corresponde a lo real (Lacán) pero lo real como 'suprarreal'. Se centraría en la memoria, en cuanto la memoria representa una actitud de auto-reflexión sobre lo hecho en función de una historia o de un porvenir" (En *Diálogo con Gastón Breyer,* por Silvia Pescio y Horacio Wainhaus, 1999).

Esta perspectiva creo que supone sumergirse en "toda" la historia "de aquí", del hombre que desde hace mucho tiempo tomó posesión de esta tierra con características intransferibles, que se mimetizó con ella y la transformó material y simbólicamente de acuerdo a sus necesidades y capacidad, generadoras estas últimas de un presente siempre potencialmente distinto. Pero no es fácil, porque el transplante masivo del sistema europeo, primero de fines de su Edad Media (recuérdese que fue la Península Ibérica la que se impuso en el siglo XVI, Inquisición incluida), luego del Renacimiento y finalmente del Modernismo, tapó –en algún sentido sigue tapando– la realidad local subyacente, es decir, los códigos de la humanidad continental, sus idiomas, ciencia, tecnología y, en especial, sus estrategias, cosmovisiones y filosofía de vida que generaban y generan una particular producción estética. No es fácil pero es posible traspasar ese velo, sumergirse y nutrirse tratando de entender aquel patrimonio, disfrutándolo e incorporándolo a nuestra conciencia personal e identidad de nación.

Es gratificante y revelador dejarse invadir por los diseños clásicos poseedores de experiencia humana, significación y respaldo milenario. El Premio Nobel de Literatura Octavio Paz, refiriéndose a la obra *Las enseñanzas de Don Juan* de Carlos Castaneda, reflexiona:

"La desconfianza de muchos antropólogos ante los libros del antropólogo Castaneda no se debe sólo a los celos profesionales o a la miopía del especialista. Es natural la reserva frente a una obra que comienza como un trabajo de etnografía (las plantas alucinógenas –peyote, hongos y datura– en las prácticas y rituales yaqui) y que a poco se transforma en la historia de una conversión. Cambio de posición –advierte Paz–: el 'objeto' del estudio (Don Juan, chamán yaqui) se convierte en el sujeto que estudia, y el sujeto (Carlos Castaneda, antropólogo) se vuelve el objeto de estudio y experimentación. No sólo cambia la posición de los elementos de la relación sino que también ella cambia. La dualidad sujeto/objeto (el sujeto que conoce y el objeto por conocer) se desvanece y en su lugar aparece la de maestro/neófito. La relación de orden científico se transforma en una de orden mágico-religioso. En la relación inicial, el antropólogo quiere conocer al otro; en la segunda, el neófito quiere convertirse en otro" (Edic. F.C.E., 2000, Buenos Aires, p. 11.).

La cita es aplicable a nuestra propuesta si nos acercamos con apertura a los infinitos y bellísimos diseños nativos. En otro párrafo del mismo prólogo a la obra citada (p. 14), también refiriéndose a los "profesionales" antropólogos, reconoce como:

"Reveladora la ausencia de nombres mexicanos entre los investigadores de la faz secreta de México (se refiere al patrimonio cultural subyacente). Esta indiferencia podría atribuirse a una deformación profesional de nuestros antropólogos, víctimas de prejuicios cientistas que, por lo demás, no comparten todos sus colegas de otras partes. A mi juicio se trata más bien de una inhibición debida a ciertas circunstancias históricas y sociales. Nuestros antropólogos son los herederos directos de los misioneros, del mismo modo que los shamanes lo son de los sacerdotes prehispánicos. Como los misioneros del siglo XVI, los antropólogos mexicanos se acercan a las comunidades indígenas no tanto para conocerlas como para cambiarlas".

Por último, no está de más recordar que el diseño nativo –actual o remoto– es un lenguaje simbólico y no tiene por qué ser explícito u obvio. Un cierto misterio o mensaje abierto enriquece la obra porque permite diversas lecturas por parte del destinatario.

Tipos, diseños, simbolismos y significados

En lo que respecta a la ubicación geográfica de las culturas que produjeron los diseños aquí representados, adoptaremos una de las localizaciones más clásica y simple:

– Región andina (comprende todo el noroeste).
– Región pampeana y patagónica (las llanuras del centro hacia el sur).
– Región Sierras Centrales.
– Región chaqueña (las provincias del nor-nordeste).
– Región litoraleña (Mesopotamia).

La producción en la *primera* y *tercera* región continúa vigente, tanto en cerámica como en tejeduría, si bien sus diseños y simbolismos desaparecieron en parte o se mestizaron por causa de la pesada presión del invasor que no dejó opción al nativo. En *Pampa, Patagonia y Sierras Centrales* la cerámica prácticamente se extinguió, no así la tejeduría, cuya tradición sigue firme entre mapuche y tehuelche. En el *Litoral* la producción que nos ocupa también se perdió con excepción de alguna expresión guaraní en Misiones.

Las evidencias arqueológicas y testimoniales que se tienen de las culturas nativas desaparecidas antes de la superposición del sistema europeo en el siglo XVI (por ejemplo, las denominadas por nosotros cultura *Condorhuasi* o *Aguada*) o durante y después de ella (*Charrúa, Querandí* u *Ona*) son fundamentales pero insuficientes para escrutar y llegar al último y quizás más profundo significado de los símbolos y dibujos que nos legaron en sus obras.

Tal ha sido la destrucción del patrimonio simbólico ancestral y la presión del sistema filosófico-religioso y tecnológico foráneo sobre la cultura continental, que inclusive los pueblos sobrevivientes a la debacle olvidaron gran parte de los diseños y la función de sus símbolos, si bien estas comunidades en la actualidad se esfuerzan por recuperarlos tanto en su vida como en sus creaciones.

Los dibujos representativos de aquellos símbolos, mitología y tradiciones retransmitidos en sus obras, además de constituirse en decorativos por sí mismos, estaban y están cargados de sentido filosófico-religioso propio. Sirvieron y sirven, en alguna medida, tanto de apoyo didáctico para transferir actitudes, contenidos y significados de una determinada visión del universo (cosmovisión) cuanto de explicación mítica de su origen (antropogénesis) y manifestación de su apetencia de sobrevivencia (la famosa "trascendencia"). En la práctica, se constituyen en un cierto sello identificatorio de culturas temporal y espacialmente concretas y en una forma de escritura, aun cuando hoy debamos reconocer nuestra ignorancia de semejantes códigos e idioma.

Cualquiera de nosotros –diseñador, pintor, artesano, docente, escritor, periodista, publicista o industrial– puede inspirarse o recrear, y hasta copiar, el diseño nativo por *su sola belleza,* pero nunca debemos olvidar que su configuración final, en cerámica o en cualquier otro soporte, no persiguió prioritariamente una finalidad estética –aunque de hecho se haya logrado con creces–, sino *funcional* para diversas actividades y *significante* en relación con aspectos de su cosmovisión y del sistema sociopolítico y religioso de la comunidad.

Sin duda, muchos de los diseños que los arqueólogos han sacado a luz nos resultarán simplemente decorativos, inclusive mecánicos y repetitivos. Pero en esos casos se constituyen por lo menos en "sellos" identificatorios de las distintas culturas nativas. Por tal motivo es posible hoy identificar diseños y dibujos *Wichí* y diferenciarlos inequívocamente de otros *Chané* o unos *Condorhuasi* de otros *Aguada.*

1. *Tipos de cerámica*

Desde hace alrededor de tres milenios casi todas las culturas de nuestro territorio produjeron su cerámica, por supuesto también cestería, tejeduría, esculturas y, en algunos casos, metalurgia. Cada una de ellas plasmó en sus obras características emergentes del grado de tecnología logrado y de la filosofía de vida y cosmovisión propias, como de hecho sucedió con todos los pueblos del planeta.

Globalmente consideradas las obras, tanto el diseño en sí como sus dibujos, se puede decir que manifiestan ciertas convergencias y afinidades formales en todas las culturas pero con características que las diferencian entre sí. Sin duda la decoración predominante en casi todos los casos es la "geométrica", entendiendo por tal un juego estético de líneas rectas o curvas combinadas o simples, generalmente representativas de algo real (animales, actividades, constelaciones, rastros, etc.), otras simbólicas y, a veces, puramente decorativas. Estos dibujos sin duda denotan una "natural tendencia hacia la simetría, el orden y la regularidad" (Debenedetti) que son, en cuanto repetitivos con variantes significativas, expresiones de un contenido cultural compartido por una u otra comunidad. Contenido que no puede ser modificado sino por ella misma en la medida en que evoluciona o experimenta fuertes influencias externas, como fue el caso de *Condorhuasi* sobre las culturas adyacentes o la presencia *incaica* en el noroeste durante el siglo XV. Es decir que los cambios en los diseños no dependen de la decisión arbitraria de "uno u otro" ceramista o tejedor, sino de la evolución del pensamiento, simbología y tecnología del entorno cultural.

En cuanto a los diseños de todo el Noroeste y el Chaco santiagueño (a los cuales pueden asimilarse de algún modo los del Nordeste y Sur donde los han utilizado) son identificables –según clasificación descriptiva en idioma castellano– varios "tipos" de decoración: *rectilínea, curvilínea, simétrica y asimétrica, zoomorfa y antropomorfa.* A su vez, la combinación de estos elementos, o de algunos de ellos, sumados a la filosofía y tecnología de cada grupo protagonista, han dado origen a varios *"tipos" o "clases"* de producción artística: *La Candelaria, Sunchitúyoc, Aguada, Santa María, San José*, etc. A mi criterio, entonces, la tipología –si fuera necesario clasificarla de algún modo– estaría dada por las culturas que las produjeron y de ninguna manera por comparación con estilos y parámetros europeos, asiáticos o africanos.

2. *Los diseños: sus simbolismos y significados*

En la práctica, los investigadores arqueólogos y etnógrafos diferencian "tipos" de obras y diseños que surgen y responden a las técnicas, filosofía de vida y cosmovisión de diversas culturas a las cuales adjudican nombres arbitrarios, generalmente toponímicos. En conse- cuencia, conociendo, al menos aproximadamente, tanto las costumbres como la mitología y sus elementos protagónicos y la función de los soportes en que los pueblos creadores estamparon los dibujos, podemos llegar a comprender "algo" de su significado, ya sean éstos *simbólicos, didácticos* o exclusivamente *decorativos*.

Simbólicos son aquellos con los cuales el autor del objeto (sea éste chamán o sólo artista/ artesano de la comunidad) quiere expresar algo que trasciende la apariencia. Por ejemplo, un zig zag o espiralado puede representar una serpiente y, a su vez, ésta al inframundo de su cosmovisión o al mundo de los muertos.

Didácticos, los que transmiten, de generación en generación, historias, personajes, tradiciones, pautas y normas de convivencia. En la práctica resultan una verdadera escritura de un idioma generado por la comunidad. Ejemplo clásico, en este sentido, son los dibujos que representan personajes y animales mitológicos, actividades agrícolas, sistemas de riego y de cultivo, etcétera.

Decorativos, aquellos que sirven de soporte y complemento de los dibujos centrales para que la pieza, además de transmitir una idea, una tradición o un código determinado, sea importante y agradable de ver. A veces, el diseño en su totalidad sólo pretende resaltar la función específica del objeto y probablemente no haya que buscar significados.

Si bien, como queda dicho, todavía "apenas" nos aproximamos al significado y función de los dibujos, investigaciones arqueológicas, etnográficas y del área artística arriban a conclusiones que nos permiten vislumbrar su origen y sentido. En general los diseños son elementos que se repiten, dentro de una cultura o en casi todas de una misma región, combinándolos con llamativa armonía. Se repiten, es cierto, pero esta modalidad no demuestra incapacidad creativa como insinúan algunos, sino fidelidad a un núcleo filosófico-religioso significado en los motivos centrales. Es posible identificarlos como mínimo en tres grandes grupos:

- *Dibujos lineales o "geométricos".* Suelen ser significantes o sólo decorativos para realzar la pieza o un dibujo simbólico central. Es probable que tengan su origen remoto en la percepción de convergencias de líneas o planos y en las tramas de cestería y tejidos, pero también en la representación simple, ingenua o sintética, del entorno vegetal, animal, topográfico y cosmológico. A veces con pocos y elementales trazos –no identificables fácilmente por nuestra mentalidad "copada" por una cultura extracontinental– representaron y representan animales que les eran y son familiares, al punto de constituirse en elementos "sagrados" de su mitología. Posterior o paralelamente a la captación del objeto, en la medida en que éstos formaron parte de su cosmovisión, entonces perfeccionaron, ampliaron o simplificaron al máximo las formas que incluyeron en sus obras. Sólo sugeriré algunos ejemplos: *la cruz* (común a todas las culturas de la pre-América) puede estar representando a la Cruz del Sur misma, a los cuatro puntos cardinales o a cuadrantes de una cosmovisión, etc.; el *rombo o rectángulo con prolongaciones*, al batracio; los *escalonamientos y grecas*, a la unión con el mundo "de arriba", a técnicas y actividades agrícolas, etc., y también a animales o partes de ellos, por ejemplo, fauces o garras; *triángulos, cuadrados, exágonos...*, simples o superpuestos en distintos planos, pueden representar rastros de aves o cuadrúpedos. Las manifestaciones *serpentiformes* más comunes están representadas por la "ese" (S) vertical, horizontal o inclinada y los *zig-zag*, cuyo extremo a veces termina en el triángulo que representa la cabeza del reptil. Abundan los *escalonados, ajedrezados o dameros, espiralados, triángulos, cuadrados, exágonos* y otros, para representar todo tipo de realidades (terrazas, cultivos, sistemas de riego, unión con otro mundo, rastros de animales, etc.). Los motivos *reticulados o plenos*, fuera o dentro de los dibujos centrales (por ejemplo, de un suri o un batracio) juegan de relleno decorativo para resaltar una figura o el todo.

- *Las representaciones zoomorfas* se originan en el hábitat de donde emergen en íntima relación con alguno de los tres niveles con que la filosofía nativa generalmente concibe al universo en su totalidad. Con características disímiles y en algún sentido semejantes, cada cultura grafica y representa tres niveles del universo: el *mundo de arriba* con un ave de envergadura (águila, cóndor, etc.); el de la *superficie* con el jaguar, zorro, etc., y el hombre mismo; *el de abajo (inframundo)* con el reptil en sus distintas formas, destacándose la *serpiente*. Los animales más comunes, además de los mencionados, son el *suri* o avestruz, la *rana, sapo, lechuza, cóndor, quirquincho, zorro, puma, lagarto, llama, guanaco, murciélago*, y otros, según la región.

- *Los diseños antropomorfos* manifiestan actividad y poder shamánico, político o militar, diversas actitudes del hombre con implicancias éticas negativas o positivas, transmisión de normas de convivencia, personajes y héroes mitológicos emergentes de su cosmovisión e historia..., cuyo contenido más específico seguramente permanece todavía oculto a la investigación.

El felino, la serpiente, el batracio, el suri y la lechuza son los cinco más representados a lo largo de todo el territorio argentino con infinitas formas y detalles distintos según la cultura y región.

En relación con el felino, expresa el arqueólogo Dr. Alberto Rex González:

"En el aspecto religioso debió desempeñar un papel de primer orden; no se trata de una mera forma decorativa. La figura felínica, por la frecuencia con que se la representa constituye [...] una verdadera obsesión; conocemos el papel importantísimo que tuvo esta figura en varias culturas americanas: San Agustín en Colombia, Chavín y Recuay en Perú, Tiahuanaco en Bolivia. Al felino se lo representa por doquier en todas las manifestaciones materiales de la cultura de La Aguada... No dudamos de que el principio que inspiraba esta representación fue de esencia religiosa y de capital importancia en el pensamiento del pueblo. El felino y sus atributos muchas veces se asocian con imágenes humanas de guerreros; probablemente el culto de este animal estuvo vinculado con prácticas bélicas. Otras veces se asocia con figuras ofídicas claramente representadas por cabezas triangulares bipartidas o, completamente desnaturalizado, afecta una forma de reptil y sólo es reconocible por las manchas y garras. El polimorfismo gráfico traduce aspectos de las creencias con él relacionadas e indica las formas diversas que puede revestir una deidad... Estas imágenes no pueden ser el producto de la fantasía casual del artesano que busca motivos de creación artística; *detrás de todas esas representaciones existe un núcleo de ideas estabilizadas que debieron ser importantes en los aspectos mitológicos y religiosos de esta cultura*" (*Argentina indígena, vísperas de la conquista*, Paidós, 1985, p. 72. Corre por mi cuenta el destacado final en bastardilla).

Más allá de la exacta significación de cada uno de los dibujos –que día a día seguramente iremos entendiendo mejor–, el lector podrá apreciar por sí mismo que todos los diseños (presentados en éste y otros volúmenes de diversos autores) son armónicos, bellos para mirar y con características propias que los hacen inconfundibles en el mundo entero.

Finalmente vale la pena tener en cuenta que los orígenes de algunos de los dibujos espectaculares que hemos heredado en las obras prehispánicas se remontan embrionariamente a las *pinturas y grabados rupestres* de miles de años antes de ahora, reafirmando de esa manera la existencia de un paulatino proceso cultural en nuestro territorio. Por tal motivo se incluyen en el volumen algunos motivos rupestres pintados y grabados muy antiguos.

Bolso de lana con diseño tehuelche - Santa Cruz

CRONOLOGÍAS Y ETAPAS
DEL DESARROLLO CULTURAL NATIVO

En relación con las cronologías que dan cuenta de la presencia de diversas culturas y pueblos del pasado en nuestro territorio, se han adoptado diferentes nombres que en todos los casos son convencionales. Es obvio que el investigador debe identificarlas pero rara vez, o nunca, puede inferir el nombre real –si es que lo tuvo en el sentido que nosotros hoy, por ejemplo, nombramos a las naciones y culturas– del grupo o comunidad que produjo determinadas piezas, objeto de estudio de la arqueología. Sus ciencias auxiliares, en cambio, nos permiten aproximarnos con elevada precisión a la fecha que éstas fueron elaboradas. Por su parte, los arqueólogos, aplicando métodos de análisis comparativos y unitarios en su contexto logran reconstruir épocas, etapas, secuencias, costumbres, influencias, sistema social y religioso transparentados en las técnicas y diseños de esa producción, a la cual identifican, en general, con el nombre geográfico del lugar (toponímico) reciente. Por ejemplo, cultura u obra *Tafí* o *Condorhuasi*, *San Francisco*, *Ciénaga* o *Aguada...* por el sitio en que fueron halladas las piezas de una misma o similar técnica, simbolismos, diseño, función o configuración general.

El primer cuadro sinóptico (p. 38) se refiere al *proceso cultural de la Argentina* desde que el hombre ingresó al territorio. *El segundo* (p. 41), más específico, *a las culturas ceramistas* agricultoras y/o recolectoras de los casi tres últimos milenios, de quienes hemos extraído la mayoría de los diseños que se incluyen en este volumen.

ANTES DEL PRESENTE	CRONOLOGÍA Y SÍNTESIS DEL PROCESO CULTURAL EN TERRITORIO ARGENTINO
40.000 años o más	**Ingreso del *Homo sapiens* al continente vía Bering**, probablemente con industria "Musteriense" de guijarros, hueso y madera. Cultura cazadora-recolectora. Lento desplazamiento hacia el sur por el Este y Oeste.
27.000	**Jujuy:** Puntas "hojas de laurel". Industria de cuchillos asimétricos y raederas uni y bifaciales. No confirmada su antigüedad.
20.000	**Ampajango** (Catamarca): Industria lítica similar a la de Ayacucho (22.000), Perú. Dispersión en el NO tras la caza y recolección vía los Andes, Centro y Este del territorio. No confirmada su antigüedad.
14.000	**Pretandilense y Malpasense** (Jujuy): No confirmada su antigüedad.
13.000	**Piedra Museo** (Santa Cruz): Industria lítica profusa. A partir de este milenio existen pruebas contundentes de la dispersión del *Homo sapiens* hasta el extremo sur y de asentamientos humanos esporádicos y consecutivos; sitios con líticos, fogones, selección y preparación de alimentos, técnicas de caza. Símbolos y probables mitos (p.ej., cfr. manifestaciones rupestres).
12.600	**Los Toldos** (Santa Cruz): Industria lítica, fogones, etcétera.
12.200	**Huachichocana** (Jujuy-Humahuaca): Líticos a presión, puntas de jabalina y flecha, morteros, cestería espiral y restos de calabaza.
10.000 a 5.000	**Toldense** (Santa Cruz) - **Casapedrense - Jacovachense** (Río Negro) - **Uruguayense** (zona costera Río Uruguay hasta Brasil) - **Cueva Fell - Cueva de las Manos - Alero San Sebastián - Toldense y Casapedrense** (Patagonia y Tierra del Fuego): Líticos y diversas manifestaciones de pinturas rupestres.
8.000	**Ayampitiense:** Ayampitín (Córdoba), Intihuasi (San Luis), Inca Cueva - Huachichocana - Saladilense (Jujuy). **Tandilense:** Lascas, arpones. **Altoparanaense** (Misiones al norte y sur): *Industria grande:* Hachas de mano, clavas arrojadizas, lascas.
6.000	**Asentamientos de grandes cazadores y pescadores** en todo el territorio. Algunas manifestaciones de agricultura incipiente en el NO. Pinturas y grabados rupestres. Industrias apropiadas en madera, hueso y piedra.
5.000	**Se acentúan las diferencias entre grupos** de cazadores y recolectores en industrias y cosmovisiones resultantes de su hábitat.

4.000	**Tresmayense** (Misiones): Industria de lascas, puntas de hueso en bisel, anzuelos de hueso y concha, discos de hueso.
4.000	**Patagoniense o Tehuelchense** **El Doradense:** Hachas de cintura, primeros rastros de cerámica de influencia andina y amazónica. **Lancha Packewaia** (Tierra del Fuego)
3.200	**Diversas manifestaciones culturales** con influencias del norte desde Ecuador, norte del Perú y sur de Bolivia, norte de Chile y transpacífica (Indonesia) con aportes de una Edad del Bronce empobrecida. **Desde los Andes:** Cerámica gris-negra y rojiza hasta el sur del NOA, Litoral y posteriormente hasta la Patagonia.
3.000	**Agricultura incipiente, domesticación de animales y cerámisca** tosca: Noroeste y Cuyo.
2.700	**Asentamientos** en Río **San Francisco y Arroyo del Medio** (Jujuy y Salta)
2.500	**Tafí:** con influencia posterior en todos los valles calchaquíes. De los rastros arqueológicos se infiere: organización social sobre familias extensas, agricultura, cerámica incipiente con diseños simbólicos. Menhires con representación felínica. Pipas de piedra y cerámica.
2.300	**Candelaria** (Salta y Tucumán): Cerámica, urnas funerarias (rojo y negro). **Vaquería** (Salta): cerámica tricolor y gris, pipas, habitaciones circulares, adornos de oro. **Tebemquiche** (Catamarca): Cerámica gris. **Ciénaga** (Catamarca, Cuyo, Puna): Estructuras de riego, cerámica. **Condorhuasi** (Catamarca): Cerámica muy especial. Pastores de llamas. **Alamito** (Catamarca): Grupos de viviendas en abanico, suplicantes. **Calingasta** (San Juan): Similar al anterior. **Alfarcito-Islas** (Huamahuaca-Puna) **Agrelo** (Mendoza): Cerámica gris, punzones de hueso y cobre. **Litoralense** (Mesopotamia): Cerámica tosca, corrugada e incisa.
1.800	**Aguada o Draconiana** (con influencia desde Bolivia). Epicentro: Catamarca actual y Cuyo; gran influencia sobre otros pueblos circundantes. Se conforman cultivadores de maíz, calabaza y otros. De los rastros se infieren: sistemas de riego; cerámica antropo y zoomorfa, especialmente felínica; metalurgia (disco "Lafón Quevedo"); estamentos sociales; urbanización; instrumentos musicales, líticos y cerámica.
1.500	**Averías** (Santiago del Estero): Cerámica tricolor con notables dibujos simbólicos; utensilios en piedra y hueso; morteros. **Islas-Alfarcito** (Jujuy) **Calingasta** (Cuyo) **Sunhituyoc** (Santiago del Estero) **Hualfín** (Catamarca) **Sanavirón - Comechingón** (Córdoba y San Luis)

1.200	**Santamariana** (Catamarca, Salta y Tucumán). Se conforman los Diaguitas luego conocidos por los invasores europeos. Auge de la urbanización, sistemas de riego, agricultura, organización social, cerámica, metalurgia. **Arawacos** (Salta y Bolivia): Llegan al noreste de Salta y Tarija trayendo influencias andinas y selváticas y su acervo propio, especialmente cerámica y diseños simbólicos.
1.150	**Llajta Mauca y Sunchituyoc** (Santiago del Estero)
1.100	**La Puntilla** (Catamarca y Santiago del Estero)
1.000	**Aguada** con gran influencia en la región. Epicentro Catamarca actual hacia todo Santiago del Estero, NO y Cuyo. **Santa María**: La cultura más definida y expansiva en el horizonte de ese momento. **Belén** (Angualasto, Doncellas, Antofagasta, Huamahuaca) **Diaguitas** de gran expansión desde los valles calchaquíes hasta las altas montañas del NOA. **Sanavirón y Comechingón** (Sierras Centrales): Cazadores, recolectores y agricultores con desarrollo de sistemas de riego. **Huarpes** (Cuyo): agricultores con sistemas de riego. **Guaraní**: todo el Litoral hacia el norte. **Desarrollo y afirmación de grandes naciones** con antecedentes de cazadores, pescadores, recolectores y horticultores de toda la llanura boscosa y la Patagonia: Selk'nam, Yámana, Alakaluf, Tehuelche, Wichí, Chorote, Chulupí, Toba, Pilagá, Mocobí, Payaguá, Abipón, Guaraní, Charrúa, Querandí, Mapuche, Pehuenche, Chané-Chiriguano.
800	**Consolidación de diversas naciones del NO,** con gran influencia Tiwanacota y Atacameña.
700	Gran influencia **Tupí Guaraní** en el noreste del territorio hasta el río de la Plata por el Uruguay y Paraná.
600	**Influencia Inca en el NO hasta Mendoza.** Desplazamiento guaraní hacia el Noroeste y Cusco rechazando a los Incas o en busca de la Tierra sin Mal.
500 al 0 o año 2000 de la era europea	**Invasión europea.** Fractura del proceso local. Profunda influencia de la cultura *europea* por imposición y *africana* por causa de la radicación de más de quince millones de esclavos. Desigual permanencia y subsistencia de algunas culturas nativas en nuestro territorio a través de sus idiomas, cosmovisión, técnicas cerámicas, diseños, tejeduría, etcétera.
»»§««	«§»«§»

II. CRONOLOGÍA CULTURAL ARQUEOLÓGICA DEL TERRITORIO ARGENTINO
especialmente referida a la cerámica

Período Remoto o Inicial 2600 (o más) a 1300 años Antes del Presente	Período Intermedio o Culminativo 1500 a 1 000 años A.P.	Período Tardío 1000 a 600 años A.P.	Período Reciente 600 años A.P. hasta el presente
SAN FRANCISCO [Selvas occidentales Salta-Jujuy]	DRACONIANA/ AGUADA [Catamarca, Belén - La Rioja - San Juan]	HUMAHUACA [Quebrada de Humahuaca y adyacencias]	INCAICA Bajo esta denominación genérica siguen presentes las culturas del período **tardío** con influencia incaica en casi todas las regiones de referencia.
CANDELARIA [Selvas occidentales del E y S de Salta y N de Tucumán - río S. Fco.]	EL ALFARCITO LA ISLA [Quebrada de Humahuca, Jujuy]	EL ALFARCITO LA ISLA [Quebrada de Humahuaca]	
VAQUERIAS [SO de Salta]	VALLE DE LERMA [Salta]	SANTA MARÍA I SAN JOSÉ [Calchaquí y Santa María-Catamarca - Tucumán]	**PERÍODO "COLONIAL"** [Desde 470 años A.P. en adelante hasta el 2000] La violenta ocupación y represión cultural del invasor europeo desarticula profundamente la tradición alfarera y artística tradicional produciendo una lenta pero aguda retracción por falta de móviles culturales y del contexto socio-religioso propio de los nativos.
TAFI [Valles del Tucumán]	SUNCHITÚYOC y LLAJTA MAUCA [Santiago del Estero]	SANTA MARÍA II BELÉN [Catamarca]	
TEBENQUICHE [Puna meridional]	HUALFIN [Catamarca]	AIMOGASTA SANAGASTA ANGUALASTO [Cuyo: La Rioja - San Juan]	
LAS MERCEDES [Santiago del Estero]	HUARPE COMECHINGÓN Y SANAVIRÓN [Sierras Centrales y Cuyo]	MANCAPA AVERÍAS [Santiago del Estero]	
CONDORHUASI [Valles y quebradas Catamarca, La Rioja y Norte de San Juan]	LITORALEÑA (MESOPOTÁMICA) [Misiones - Corrientes - Entre Ríos]	YAVI [Jujuy - Puna]	**A partir del siglo XVII** hasta nuestros días, las culturas nativas sobrevivientes -en parte mestizadas- se organizan y, en gran medida, crean su "estilo propio" basados en la técnica y diseño tradicional mezclando, a veces, su simbología con la europeo-oriental. En cuanto al diseño de cerámica, hoy se destacan los *Chané* en Salta, y del tejido, los *Wichí* del Gran Chaco.
EL ALAMITO [Catamarca]	DE LA BRAVA [Chaco Central]	COMECHINGÓN SANAVIRÓN [Sierras centrales]	
CIÉNAGA [Valle de Hualfín - Catamarca - La Rioja]	PATAGÓNICA [Desde la Pampa Húmeda hacia todo el Sur con influencia del NO y Chaco santiag.]	CHAQUENSES	
SAUJIL [Catamarca]	✳✳✳	RIBEREÑOS PLÁSTICOS, GUARANÍES, CHARRÚAS, QUERANDÍES y otros hacia el Sur	
HUMAHUACA [Jujuy - Iruya]			
CALINGASTA [S. Juan]			
AGRELO [Mendoza]			

En cuanto a la antigüedad de la cerámica de nuestro territorio, no parece recomendable fijarla en forma taxativa y monolíticamente. En efecto, hay ciertas discrepancias respetables entre los investigadores y, además, siempre existe la posibilidad de nuevos hallazgos y nuevos fechados que obliguen a correcciones. También es importante tener en cuenta que las piezas fechadas no surgen en el tiempo por generación espontánea, sino que en todos los casos hubo un sustrato cultural y un proceso de experimentación anterior que las hizo posible. Quizás nunca sabremos cuál fue la primera y última de un período.

En nuestro territorio hay, en efecto, un sustrato *básico* remoto, relacionado a la cerámica y su contexto, en el cual convergen por lo menos tres vertientes seguras. Éstas son: la cultura *Valdivia*, desde Ecuador (5.500 A.P.); *Chavín*, desde el norte de Perú (3.500 A.P.) y *Tiahuanaco*, desde Bolivia (1.000 A.P.).

Si nos atenemos a los datos arqueológicos, en la Argentina la cerámica aparece bastante desarrollada en forma casi abrupta *desde el Noroeste hacia la Patagonia* en forma cronológicamente descendente, como mínimo desde 2.620 años antes de ahora. Entre los fechados radiocarbónicos más antiguos según las regiones, podemos destacar:

- El Piquete (San Francisco, Jujuy) .... 2.620 A.P.
- Quebrada del Toro (Las Cuevas, Salta) .... 2.535 A.P.
- Saujil (Oeste de Catamarca) .... 2.446 A.P.
- Tafí (Valles de Tucumán) .... 2.300 A.P.
- Condorhuasi y La Candelaria (Catamarca) .... 2.300-2.200 A.P.
- Salto Grande (Uruguay y Entre Ríos) .... 2.300 A.P.
- Litoral mesopotámico (Misiones, Corrientes) .... 1.500-1.200 A.P.
- Litoral (Guaraní) .... 700 A.P.
- Patagonia (Sudoeste Chubut) .... 1.300 A.P.
- Neuquén (Cerro Sechen) .... 1.100 A.P.

Si se examina detenidamente la progresión de fechas[2] puede deducirce que, en efecto, la difusión de la cerámica se produce de *norte a sur* tanto en Sudamérica como en la Argentina logrando, cada región del territorio, características propias tanto en las técnicas como en la simbología expresada en sus diseños.

A continuación se ofrece un catálogo parcial (apenas un muestrario) de diseños y dibujos clásicos arqueológicos y actuales extraídos de las pinturas y grabados rupestres, tejeduría y, sobre todo, de la cerámica. Una muestra que el interesado podrá ampliar indefinidamente observando con atención los museos etnográficos y arqueológicos de todo el país y consultando obras como las que se citan en bibliografía u otras que desconozco.

[2] Resumen de fechados citados por Ottonello-Lorandi, *Introducción a la arqueología y etnología*, Eudeba, 1987; Fernández Chiti, *Cerámica indígena arqueológica argentina*, Ed. Condorhuasi, 1997, p. 59, y María A. Caggiano y María C. Sempé, *América, prehistoria y geopolítica*, TEA, Buenos Aires, 1994).

LAS DISTINTAS CULTURAS PASADAS Y PRESENTES
(REPRESENTADAS EN ESTE VOLUMEN)

San Francisco	La Candelaria	Las Mercedes
Condorhuasi	El Alamito	Ciénaga
Aguada	Isla-Alfarcito	Sunchitúyoc
Omaguaca	Belén	Santa María
Averías	Pinturas rupestres	Placas grabadas

Además se proponen diseños de los Selk'nam, Chané, Wichí, Mapuche y varios.

43

EPICENTRO APROXIMADO
DE LAS CULTURAS REPRESENTADAS

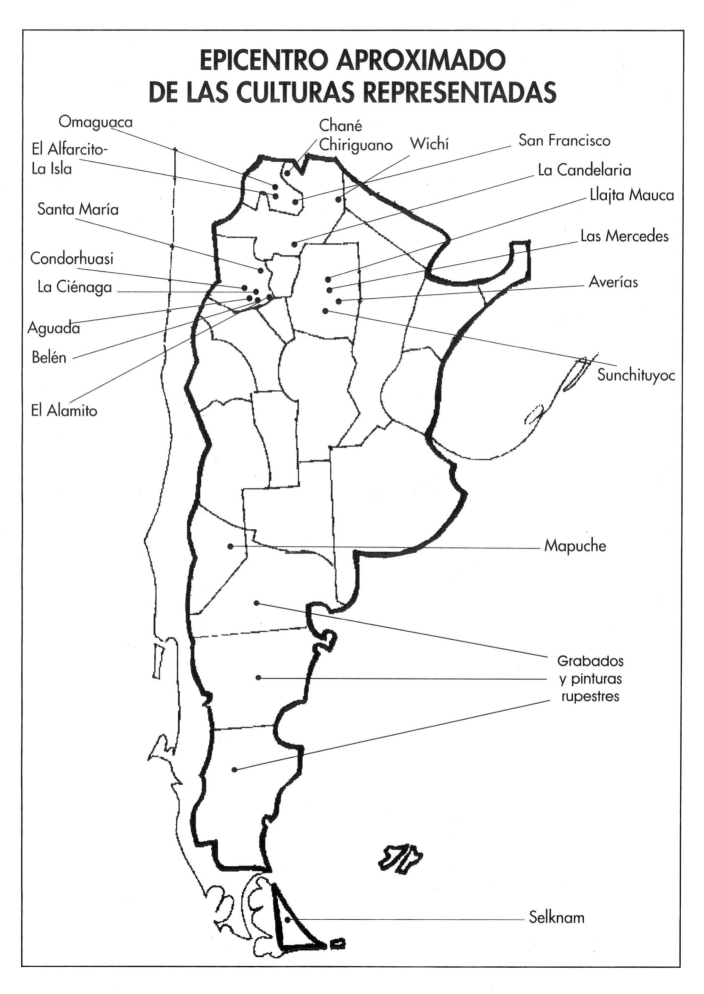

Omaguaca

El Alfarcito-
La Isla

Chané
Chiriguano

Wichí

San Francisco

La Candelaria

Santa María

Llajta Mauca

Las Mercedes

Condorhuasi

La Ciénaga

Averías

Aguada

Belén

Sunchituyoc

El Alamito

Mapuche

Grabados
y pinturas
rupestres

Selknam

Generalidades del Período Remoto o Inicial (2.650-1.300 Antes del Presente)

Comprende las primeras manifestaciones cerámicas de la Argentina, localizadas todas en el Noroeste y en el centro-norte de Santiago del Estero. En valles y sierras de Tucumán y Catamarca se desarrollaron las culturas denominadas *Tafí, Saujil, Tebenquiche, Alamito, Condorhuasi y Ciénaga*; en valles y quebradas de Salta y Jujuy, *Vaquerías, Humahuaca y las Cuevas;* hacia las tierras orientales a lo largo del San Francisco, el *complejo cerámico homónimo* al norte y *La Candelaria* al sur; en las llanuras chaco-santiagueña, la tradición de *Las Mercedes*. En Cuyo, *Calingasta* y *Agrelo*.

Los pueblos protagonistas de este Período Remoto o Inicial compartieron una serie de estrategias en orden a la sobrevivencia colectiva: aparición y desarrollo de la agricultura, complementada con la caza y recolección; producción de utensilios y adornos que revelan experiencia y habilidad, sobre todo en la escultura, cerámica, tejidos y metalurgia incipiente (en Ciénaga lograron mayores progresos); fabricación de instrumentos musicales; ritos funerarios similares, especialmente con párvulos; asentamientos estables. Los hallazgos arqueológicos permiten deducir, además, que entre los habitantes de este período existía una fluida y permanente intercomunicación respecto del contenido de sus culturas manifestado en técnicas, simbología y diseños de sus obras.

Sus logros agrícola-ganaderos (maíz, zapallo, poroto, etc., y la llama) estimularon todo tipo de manualidades y cierto sedentarismo manifestado en un patrón común de asentamiento, esto es, poblados diseminados en campos de cultivo cercanos a fuentes de agua que, a su vez, revelan asociación de varias familias con diferenciación de roles en las tareas y jerarquías en su organización social. Por "Remoto" o "Inicial" se hace referencia a la *aparición de la cerámica* en ese contexto cultural.

Ottonello-Lorandi resumen así este período:

"Por más de mil años estas culturas muestran una notable perduración en el patrón de asentamiento. En cuanto a las prácticas económicas y funerarias, básicamente son las mismas aunque con ciertas variaciones tanto en función regional como cronológica. En cambio, en el orden artesanal, los aspectos formales-estilísticos y las tradiciones tecnológicas varían mucho en términos regionales. Estas diferentes manifestaciones, que tienen una localización original propia y que entrañan una gran variación de expresiones artísticas, se difundieron y amalgamaron a través de procesos de aculturación favorecidos por la movilidad y expansión de la instalación humana y la intensa circulación de bienes entre distintas aldeas de una misma cultura o de culturas diferentes… Durante el Período Inicial o Temprano cumplen estos requisitos principalmente los sitios cerámicos de la cultura Candelaria, Condorhuasi y Ciénaga" (1987).

Cultura o tradición *San Francisco*

Hasta el momento *San Francisco* parece ser la manifestación cerámica más antigua del territorio argentino, al menos en relación a fechados radiocarbónicos que, en *El Pique-te* –departamento de Santa Bárbara, provincia de Jujuy–, arroja 2.620 años antes del presente y se extiende en el tiempo hasta 1.700 A.P. (*Palpalá y Río Capillas*, departamento Capital, Jujuy), una extraordinaria vigencia de alrededor de siete siglos (según B. Dougherty, 1977).

Esta cultura, o tradición como la llaman algunos, se desarrolló en la cuenca del río San Francisco y selvas occidentales de Salta y Jujuy con influencias hasta la Quebrada de Huamahaca y norte de Tucumán.

Las estrategias de vida de aquellos remotos ceramistas que plasmaron los primeros diseños y símbolos no difieren fundamentalmente de las otras culturas adyacentes del Período Inicial agro-alfarero, es decir, tenían agricultura rudimentaria con herramientas apropiadas en hueso, madera y piedra; eran pastores y recolectores; construían sus asentamientos más bien en forma dispersa; fabricaban hachas y puntas pulidas; enterraban a sus párvulos en urnas; usaban pipas acodadas de cerámica, probablemente para uso ritual.

San Francisco produjo dos tipos bien definidos de cerámica: el llamado *San Francisco pulido* y el *ordinario*. En el primero se destacan cántaros con adornos modelados y aplicaciones antropo y zoomorfos, pipas angulares y figuras huecas, predominando el rojo sobre blanco, a veces amarillento. En el segundo tipo se limitan a corrugados e incisiones con asas representando ofidios, batracios y aves.

Según Alberto Rex González esta cerámica "se vincula con las culturas Condorhuasi y Ciénaga en los motivos, técnicas y formas" (*Historia argentina*, Paidós, vol. 1, 1985, p. 44), al menos en la etapa en que fueron contemporáneas.

46

Registros decorativos

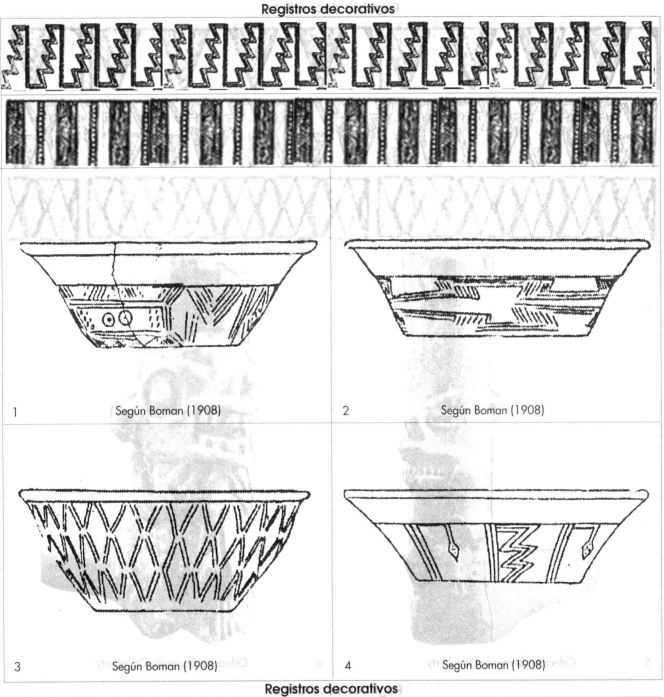

1   Según Boman (1908)   2   Según Boman (1908)

3   Según Boman (1908)   4   Según Boman (1908)

Registros decorativos

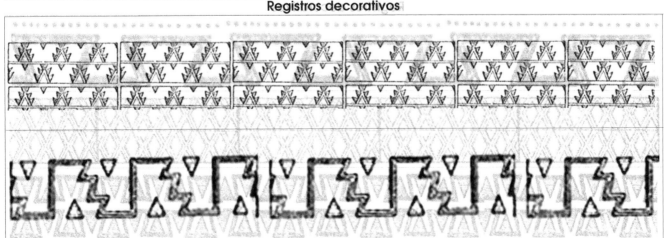

Registros decorativos

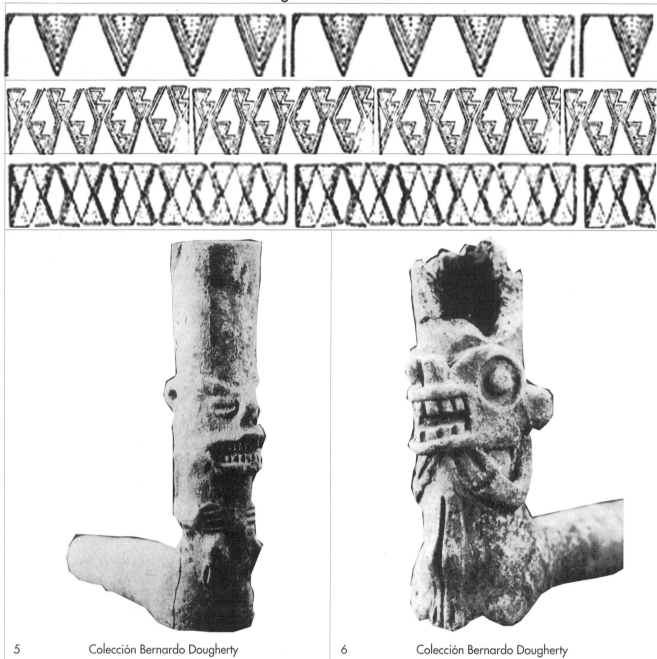

| 5 | Colección Bernardo Dougherty | 6 | Colección Bernardo Dougherty |

Registros decorativos

48

Monolito de la cultura Tafí (Tucumán 2.500 A.P.)

Cultura de *La Candelaria*

Por *La Candelaria* entendemos aquella manifestación cultural o tradición cerámica que cristalizó durante el *período cerámico Remoto o Inicial* (alrededor de 2.000 años antes del presente) en la cuenca del río San Francisco, especialmente en el este y sur de Salta y norte de Tucumán llegando probablemente hasta el Valle de Hualfín en Catamarca y Tafí del Valle del Tucumán. En los yacimientos, conocidos desde principios del s. XX, predominan objetos cerámicos de color gris-negro e incisos, aunque también se los encuentra pintados con dibujos negros sobre fondo rojo oscuro. Las formas más comunes son la troncocónica y globular. Se destacan las urnas funerarias para párvulos y adultos.

Aquellos pueblos poseían una técnica cerámica depurada con la cual lograron paredes muy delgadas aun en piezas de gran tamaño. Las urnas funerarias están decoradas con líneas geométricas o guardas lineales formando ángulos y zig-zag en el cuello o parte superior. Con cierta frecuencia le aplicaban figuras modeladas. En las piezas más pequeñas utilizaron punteados, grabados y modelados.

La producción de *La Candelaria* también se relaciona con las de *Ciénaga* y *Condorhuasi*, pero su característica no es la pintura de la cerámica sino los modelados, decoración incisa y creación de extraños seres en los cuales se combinan elementos antropo y zoomorfos con cuerpos abultados.

Poco conocemos de este pueblo que vivía en las puertas sudoeste del impenetrable Gran Chaco y Sur del territorio hoy argentino, con cuyos habitantes (de varias naciones) seguramente mantuvieron permanentes intercambios. Sin duda fue un pueblo recolector-agricultor muy avanzado y de una sólida organización social y religiosa como para haber logrado en la cerámica semejante expresión técnica, funcional y simbólica.

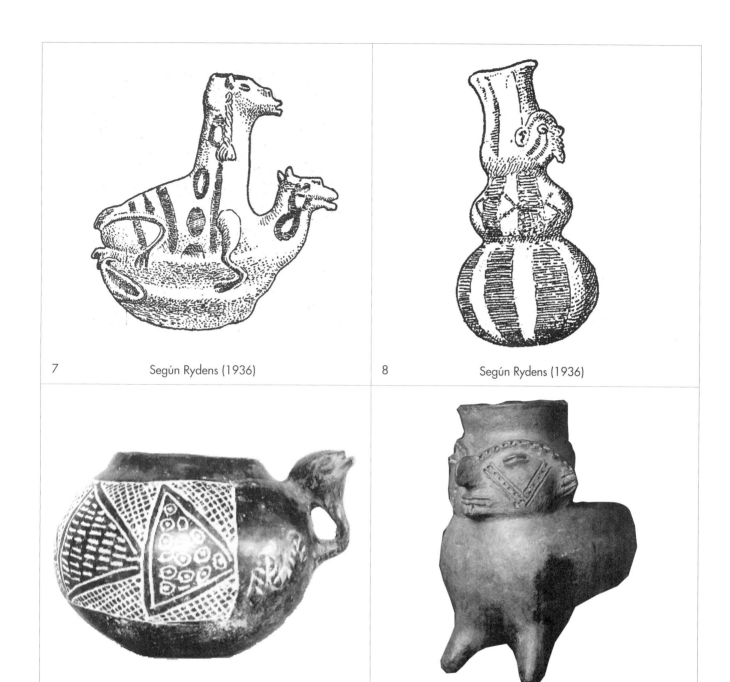

7   Según Rydens (1936)

8   Según Rydens (1936)

9   Museo Ciencias Naturales. La Plata

10   Museo Etnográfico (UBA)

Registros decorativos

11   Museo Antropológico (UBA)   12   Museo Adán Quiroga (Catamarca)

13   Museo Antropológico (UBA)   14   Colección Guido Di Tella (Bs. As.)

Registros decorativos

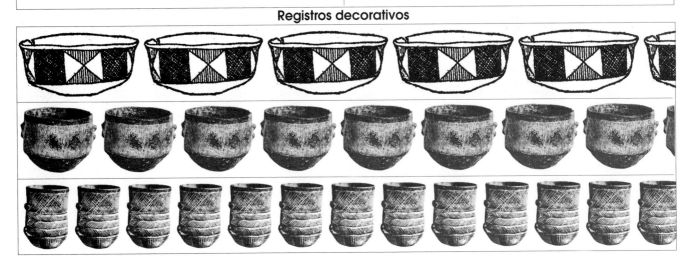

Mujer wichí improvisando el diseño de un bolso shamánico con dibujo simbólico - Chaco salteño

Cultura *Las Mercedes*

Esta manifestación cultural se desarrolló aproximadamente a partir de dos mil años antes de ahora en las llanuras cercanas al complejo fluvial Dulce-Salado de Santiago del Estero y hacia el centro-oeste de la actual provincia. Según Roque Gómez (*La cultura Las Mercedes*, 1966) y Henry Reichlen (*Recherches archéologiques dans Santiago del Estero*, 1940) el epicentro de esta manifestación habría sido la aldea Sayanita con directa influencia de Ambato (este de Catamarca) de cuyo ecosistema participa esta región de Santiago del Estero.

Desde el período cerámico Inicial sin duda los pueblos de esta región recibieron gran influencia de culturas agroalfareras andinas por el río Salado desde Salta y por el Dulce desde Catamarca, y, a la vez, funcionaron como puente de aportes con el Gran Chaco y Litoral argentinos hacia el este, si bien plasmaron características propias en sus obras que se conocen bajo la denominación *Las Mercedes*.

Los creadores de *Las Mercedes* desarrollaron sus asentamientos sobre montículos que los protegían de inundaciones. Construían represas para regadíos, fabricaban pequeñas puntas líticas triangulares y otros utensilios en hueso y madera. Utilizaron el cobre y quizás el bronce. Su economía se basaba fundamentalmente en la recolección y caza, pero también en incipiente agricultura de maíz, zapallo y poroto.

Las características más destacables de su cerámica varían en el tiempo. La más antigua posee una serie de urnas periformes o globulares con decoración rugosa externa que dieron a su superficie una textura irregular de notable efecto plástico. Paulatinamente pasa del color gris-negro inciso con formas y diseños que la vinculan a *Condorhuasi-Ciénaga* y luego a Aguada, a una decoración negro-blanca sobre rojizo.

Al parecer esta tradición cerámica se inicia en Ambato, de cuyo ecosistema participan la llanura y mesopotamia santiagueñas. De allí precisamente se explicaría la presencia del felino y otros temas en la simbología de *Las Mercedes*.

15   Según Wagner (1934)

16   Museo Wagner (S. del E.)

17   Museo Wagner (S. del E.)

18   Según Wagner (1934)

Registros decorativos

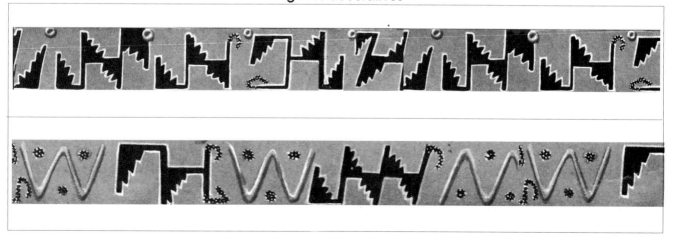

19   Museo Wagner (S.del E.)

20   Museo Wagner (S. del E.)

21   Según Serrano (1966)

22   Según Wagner (1934)

Registros decorativos

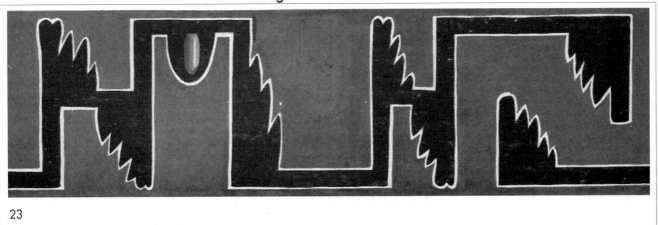

23

Tejido pre-hispánico del Noroeste
En su diseño (el original en colores ocres, cremas y negro) se aprecia un gran despliegue de símbolos
correspondientes a la cosmovisión andina y a la vez una notable unidad, armonía.

Cultura *Condorhuasi*

Desde el punto de vista de la cerámica, es una de las culturas más representativas de la región valliserrana del Noroeste. Se desarrolló en valles y quebradas de Catamarca, irradiándose hasta la Rioja y San Juan y en forma intrusiva hasta la Puna, Laguna Blanca y San Pedro de Atacama, destacándose su influencia hacia el Período Medio y Tardío.

Poco se sabe del contexto cultural que originó la cerámica *Condorhuasi* puesto que los hallazgos se han obtenido en tumbas, muchas de ellas lamentablemente saqueadas para comercializar sus piezas. Sin embargo, tanto los abundantes esqueletos de llama encontrados en estas tumbas, cuanto formas y motivos recurrentes en la cerámica y escultura permiten deducir que la llama ocupaba un lugar relevante en la economía y en la estrategia social de estos pueblos, que sus enterramientos eran individuales o colectivos en fosas grandes y profundas, que tenían cierta jerarquía social y rituales colectivos como también excelente manejo de la materia prima a su alcance.

Si se tiene en cuenta el alto grado de especialización obtenida en cerámica, escultura y metalurgia, podemos suponer que se trató de una sociedad bien organizada y rigurosa en la que hubo jerarquías y roles definidos. Específicamente se destacaron como ceramistas logrando una técnica depurada y segura en el conocimiento y utilización de apropiadas y excelentes arcillas, pinturas y engobes. En el largo proceso *Condorhuasi*, al principio la cerámica es simple y con decoración incisa hasta llegar a formas complejas y decoración policroma con profusión de diseños lineales incisos y pintados.

Para el arqueólogo Alberto Rex González, destacado investigador de esta cultura:

"Toda la serie cerámica Condorhuasi revela el buen gusto que caracterizaba a sus artesanos, tanto en la distribución armónica de los motivos, como en la elegancia y equilibrio de las formas; al mismo tiempo que el acabado de las mismas da una idea clara de la seguridad técnica y destreza alcanzada. En el tipo tricolor el juego cromático es de menos efecto que el que presenta el policromo, pero no deja de ser hermoso y equilibrado" (1985).

24   Museo Cs. Naturales La Plata

25   Museo Adán Quiroga (Catamarca)

26   Museo Cs. Naturales La Plata

27   Colección E. Cura (Salta)

28   Colección Guido Di Tella

29   Colección Guido Di Tella

30   Colección Guido Di Tella

Registros decorativos

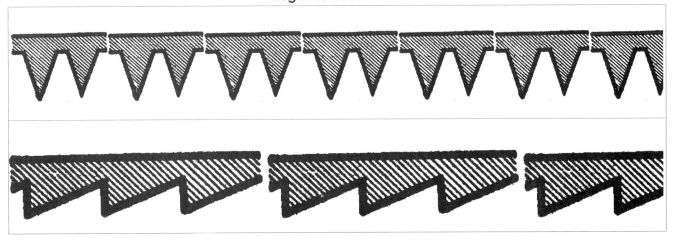

59

32   Colección Vázquez - Santa María (C.)

31   Colección Etnográfico (UBA)

33   Colección Seminario de Catamarca

Registros decorativos

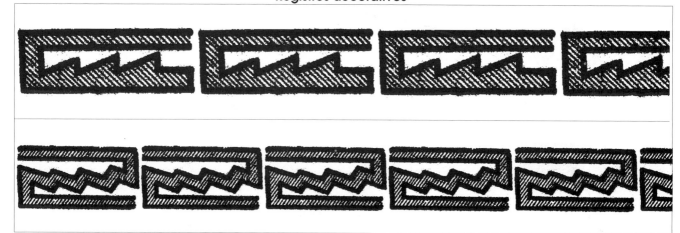

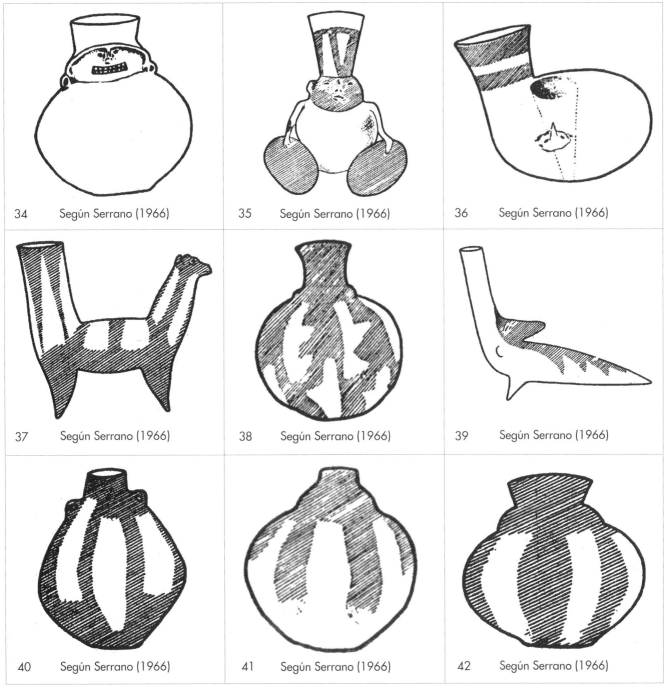

34   Según Serrano (1966)   35   Según Serrano (1966)   36   Según Serrano (1966)

37   Según Serrano (1966)   38   Según Serrano (1966)   39   Según Serrano (1966)

40   Según Serrano (1966)   41   Según Serrano (1966)   42   Según Serrano (1966)

Registros decorativos

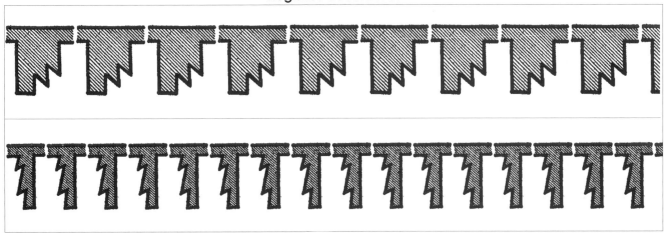

43   Tomada de Grasso (1981)

44   Tomada de Grasso (1981)

45   Museo Etnográfico (UBA)

46   Museo Adán Quiroga (Catamarca)

47   Museo Adán Quiroga (Catamarca)

48   Museo Adán Quiroga (Catamarca)

Cultura Alamito (alrededor de 2.000 A.P.) Escultura de piedra

Cultura *El Alamito*

Esta cultura se desarrolló promediando el Período Inicial en las inmediaciones de la aldea *El Alamito*, provincia de Catamarca, muy próxima a *Tafí*, *Ciénaga* y *Condorhuasi*. Sin duda, junto con estas tres tradiciones, compartió el epicentro de las expresiones culturales más notables de este período en lo que se refiere a escultura, metalurgia y cerámica.

A pesar de la proximidad e intercambio con estas culturas, concretó características propias notables en sus estrategias de vida y en su arte. El patrón de asentamiento consistió en núcleos de unas ocho habitaciones conformadas en abanico en torno a un patio central y plataformas probablemente con función ritual. La ingeniería de las construcciones fue homogénea y contundente: habitaciones de 7 metros de largo por 3 de ancho con acceso por un largo pasillo y techo, probablemente de barro tipo adove, sostenido por columnas de piedra.

En los sitios excavados poco se infiere de su organización social y política, aunque ciertamente la tuvieron a juzgar por el complejo y definido modelo de asentamiento y por el desarrollo artesanal de sus habitantes. En el orden económico, participaron sin duda del estilo típico de este período y región, es decir, agricultura incipiente, caza, recolección e intercambio de bienes con otros pueblos.

En cuanto a su cerámica, fue sencilla y funcional en relación con sus necesidades. Según Rex González:

"Fue tosca y decorada con bandas verticales de color rojo, violáceo o negro sobre fondo natural de la arcilla. Como elemento asociado, pero en menor proporción, se encuentra cerámica de tipo Ciénaga y Condorhuasi" (ob. cit., p. 58).

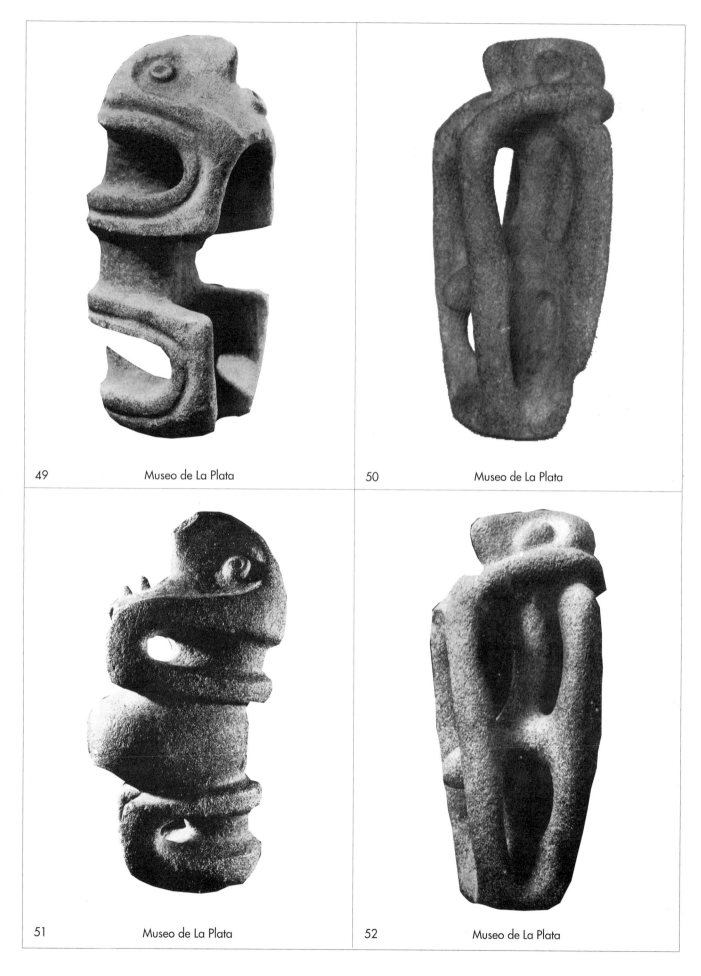

49   Museo de La Plata

50   Museo de La Plata

51   Museo de La Plata

52   Museo de La Plata

Cultura *Ciénaga*

Su dispersión geográfica comprende las provincias de Catamarca, La Rioja y norte de San Juan. Se la conoce por el nombre de uno de los sitios arqueológicos más importantes en el departamento de Belén, Catamarca, a orillas del río Hualfín. El promedio de los fechados obtenidos en El Alamito y Valle de Abaucán permiten ubicar a esta cultura aproximadamente entre 1.800 y 1.300 años antes del presente, hacia el final del período Inicial. Se difundió por el norte hasta la Puna meridional (Laguna Blanca y Tebenquiche) y hasta la región de San Pedro de Atacama. Fue parcialmente contemporánea de Condorhuasi.

Las estrategias de vida de aquellos magníficos artistas participaron del estilo para entonces generalizado en el Noroeste. Su economía se basaba en agricultura con irrigación especialmente del maíz y zapallo. Complementaban su dieta con la caza y recolección de fruto de chañar y algarrobo. Seguramente pastoreaban la llama.

Sus viviendas eran de piedra en Santa María, de material perecedero en Hualfín y con habitaciones semienterradas de planta oval dentro del espacio de cultivo en Laguna Blanca. De su organización sociopolítica poco sabemos, pero sus enterramientos dejan entrever que tuvieron categorías o diversas jerarquías de población. Desarrollaron una notable metalurgia fabricando hachas, adornos personales, figuras ornitomorfas y de tipo ritual sobre la base del vaciado, fundido y confección de moldes.

La cerámica *Ciénaga*, parcialmente contemporánea e influida por *Condorhuasi*, difiere sin embargo de aquella por su forma y decoración. En general es más simple con predominio de urnas pequeñas para enterramientos de párvulos, jarros altos y escudillas. En el inicio de *Ciénaga* se aprecian sobre todo motivos lineales incisos sobre negro a grisáceo, evolucionando hacia representaciones figurativas, antropo y zoomorfas. Según Rex González:

"El enriquecimiento en la decoración, el uso de la línea curva y la técnica empleada para la pintura se desarrollarán plenamente en Aguada".

Este mismo autor reconoce similitudes con la cerámica de La Candelaria y San Francisco y supone que su origen estaría en la región de estas culturas o probablemente más al norte, en la zona sur de Bolivia.

53 Museo de La Plata

54 Según E. Pepe (1995)

55 Museo de La Plata

56 Museo de La Plata

57 Museo de La Plata

58 Museo de La Plata

59 Según Fernández Chiti (1998)

60 Según Serrano (1962)

61 Según Fernández Chiti (1997)

Registros decorativos

62   Colección E. Cura

63   Según Fernández Chiti.

64   Museo A. Quiroga (Cat.)

65   Colección Guido Di Tella

68   Colección E. Cura

66   Colección Guido Di Tella

67   Colección Eduardo Cura

69   Según E. Pepe (1995)

Registros decorativos

GENERALIDADES DEL PERÍODO INTERMEDIO O CULMINATIVO

E l denominado Período "Intermedio" o "Culminativo" va, aproximadamente, desde 1.350 a 900 años antes del presente. En el proceso milenario de nuestro territorio, ésta es considerada la etapa de mayor desarrollo cultural en todo el Noroeste y adyacencias –desde Jujuy a Santiago del Estero– al menos en la tecnología y expresión gráfico-simbólica sobre diversos soportes: cerámica, metal, piedra y madera. Estos avances revelan, además de un notable dinamismo cultural, un proceso original con innegables aportes externos y un alto grado de cohesión sociopolítica y religiosa. Fenómeno que, con otras características, también se estaba dando en las demás regiones del territorio argentino, es decir, en las naciones del Gran Chaco, Pampa, Litoral, Patagonia y Tierra del Fuego. Naciones éstas que, en el siglo XVI, encontrarían mejor estructuradas los europeos y que someterían hasta su casi total desaparición.

Respecto del estilo de vida de los diversos pueblos protagonistas de este período, se destaca sobre todo el afianzamiento de la organización social político-religiosa y económico-agrícola que venía empujando vigorosamente desde el largo período anterior. En todos los casos los pueblos de esta gran región del territorio argentino no dejaron de complementar su dieta con la caza y recolección de frutos silvestres. Acentuaron además el intercambio tecnológico y religioso con otras culturas del norte de Chile, Perú, Bolivia y Brasil.

Se dieron, por supuesto, variantes y especializaciones en las estrategias de sobrevivencia, condicionadas, en parte, por el ecosistema en que se desarrollaban. En la Puna, por ejemplo, se mantuvo el pastoreo, caza y agricultura de altura; en valles y quebradas, la agricultura y el pastoreo de llamas; en zonas más selváticas, agricultura, horticultura, caza y recolección. Todas ellas con un espectacular desarrollo en la tecnología de utensilios y en la producción de cerámica y metalurgia. Se intensificó el sedentarismo.

La mayor parte de la información acerca de este período surge de las tumbas y restos habitacionales investigados. Especialmente en las primeras se encuentran exquisitas piezas de cerámica, piedra y metal cuya calidad y belleza denotan gran sensibilidad y asombrosa técnica en sus artesanos. Por otra parte, la desigual cantidad de piezas halladas en ellas manifiesta una innegable supremacía jerárquica de algunos inhumados sobre otros de enterramientos mucho más sencillos.

Hacia el 1.000 antes de ahora se produjo cierta decadencia en la alfarería y metalurgia, dando paso al período que los arqueólogos denominan "Tardío".

Cultura *Aguada* o *Draconiana*

Aguada es la cultura más representativa de este Período Intermedio o Culminativo, vinculada en su origen con *Ciénaga* temprana.

El primer sitio donde se identificó esta manifestación, sobre todo en cerámica, fue el valle de *La Aguada*, subsidiario del de Hualfín en el departamento de Belén, provincia de Catamarca. Se extendió hasta Andalgalá y regiones intermedias. Al norte en Angastaco y Santa María; al sur Londres y Valle de Abaucán de Catamarca; río Colorado y Bañados del Pantano en la Rioja y zona norte de San Juan; en el oeste, todo el Valle de Catamarca.

Culturalmente La Aguada no experimentó cambios sustanciales en relación con el período anterior. Más bien se pueden apreciar cambios cuantitativos: aumento de la población; nuevos cultivos de mayor rendimiento; identificación más precisa de jerarquías de poder religioso y político con gran influencia en zonas adyacentes; símbolos recurrentes y casi obsesivos en sus decoraciones, en especial el felino.

En cuanto a su religiosidad, se destacaron precisamente por el culto al felino que, al parecer, desempeñó un rol relevante en la cohesión social de los pobladores de Aguada. Su economía fue esencialmente agrícola sobre la base de experiencias del período anterior.

El simbolismo de sus diseños en la cerámica, metalurgia y tallas revelan influencias ideológicas y religiosas, al menos indirectas, de Tiahuanaco vía cuenca del Titicaca y norte de Chile. Entre estos elementos podemos identificar: llama felinizada, personaje de dos cetros, el sacrificador, personaje con máscara felínica, felino-serpiente, felino draconiforme, felino-pájaro y el culto de los cráneos trofeos.

Se destacaron en la metalurgia del oro, cobre y bronce y en una variada cerámica, en la cual estamparon bellísimos diseños lineales simbólicos y figurativos. Su cerámica es de pasta gris o negra con decoración grabada, o pasta roja y blanca amarillenta pintada. Dentro de la pintada hay Aguada bicolor; negro; rojo y blanco, y Aguada tricolor.

En la opinión del arqueólogo Rex González:

"No hay duda de que el arte de La Aguada fue de carácter esencialmente religioso que tuvo como motivo central la figura felínica que en sus aspectos polimórficos debió centralizar fuerzas naturales en relación con los ciclos agrícolas y la fertilidad" (ob. cit., p. 73, 1985).

Ambos aspectos fundamentales en la vida cotidiana de aquellos pueblos.

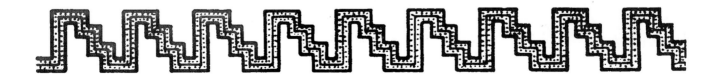

70   Según E. Pepe (1995)

71   Colección Guido Di Tella

72   Museo A. Quiroga (Cat.)

73   Colección Guido Di Tella

74   Según Rex González (1977)

75   Colección Guido Di Tella

76   Museo de La Plata

77   Según Rex González (1977)

78   Según O. Bregante (1926)

Registros decorativos

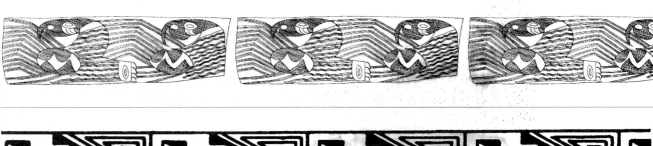

79   Según Serrano (1953)

80   Según Serrano (1953)

81   Según Serrano (1953)

82   Según Serrano (1953)

83   Según Serrano (1953)

84   Según Serrano (1953)

85   Según Serrano (1953)

86   Según Serrano (1953)

87   Según Serrano (1953)

Registros decorativos

88 Según O. Bregante (1926)

89 Según E. Pepe (1995)

90 Según E Pepe (1995)

91 Colec. Museo Etnográfico

92 Sin datos de ubicación

93 Museo de La Plata

94 Colección Guido Di Tella

95 Univ. S. Simón (Cochabamba)

96 Univ. S. Simón (Cochabamba)

Registros decorativos

73

El Alfarcito - La Isla

Durante el Período Intermedio, con excepción de *La Aguada*, de gran dispersión y originalidad en el Noroeste, se produce un cierto estancamiento en la región, que se acentuará en el Tardío. Sin embargo, en la parte septentrional del Noroeste se pueden identificar dos manifestaciones culturales importantes ubicadas en la Quebrada de Huamahuaca: *La Isla* y *El Alfarcito*.

La Isla tuvo estrecho vínculo con las sociedades de Atacama y desde allí con Tiahuanaco. Por su parte *El Alfarcito*, hacia el este de la Quebrada, responde más al estilo temprano de Catamarca y La Rioja. En ambos casos la economía debió seguir la tradición de la zona: algo de agricultura, horticultura, pastoreo de animales, complementados con recolección y caza.

En cuanto a la cerámica, el tipo *La Isla* se caracteriza por piezas pintadas de blanco con decoración en negro y motivos diagonales alternados y reticulados. Las figuras antropomorfas pintadas en blanco. Predominan diseños con dibujos antropomorfos con ojos oblicuos y nariz saliente.

El estilo *El Alfarcito* es polícromo y su decoración típica es de triángulos negros con bordes blancos sobre fondo rojizo oscuro. Son comunes triángulos reticulados y motivos escalonados.

Ambas manifestaciones culturales han producido hermosos objetos de oro, como máscaras, anillos, pectorales, llamas en finas láminas y otros, que denotan roles y categorías sociales al interior de su organización, puesto que se los ha hallado sólo en algunas tumbas, seguramente de personajes encumbrados.

97   Según O. Bregante (1926)

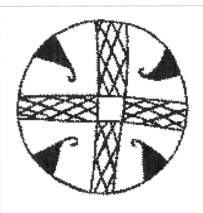

98   Según O. Bregante (1926)

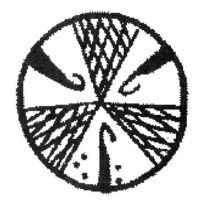

99   Según O. Bregante (1926)

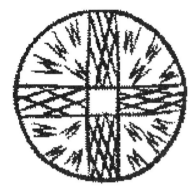

100   Según O. Bregante (1926)

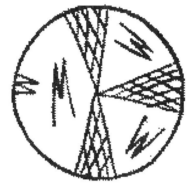

101   Según O. Bregante (1926)

102   Según O. Bregante (1926)

103   Según O. Bregante (1926)

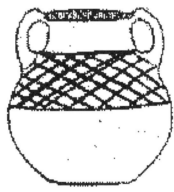

104   Según O. Bregante (1926)

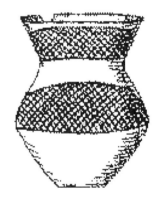

105   Según O. Bregante (1926)

Registros decorativos

106   Según Debenedetti (1910)

107   Según Debenedetti (1910)

108   Según Debenedetti (1910)

109   Según Debenedetti (1910)

110   Según Debenedetti (1910)

111   Según Debenedetti (1910)

112   Según Debenedetti (1910)

113   Según Debenedetti (1910)

114   Según Debenedetti (1910)

115   Según Debenedetti (1910)

116   Según Debenedetti (1910)

117   Según Debenedetti (1910)

118   Según O. Bregante (1926)

119   Según O. Bregante (1926)

120   Según O. Bregante (1926)

121   Museo Etnográfico (UBA)

Registros decorativos

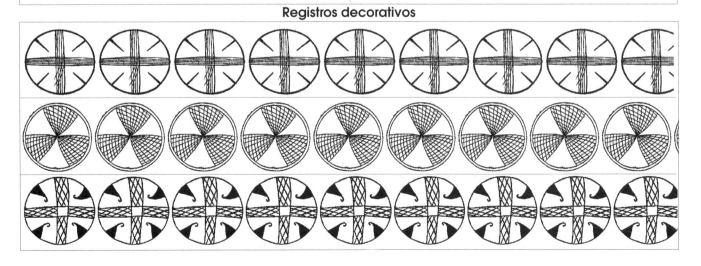

Sunchituyoc - Llajta Mauca

La denominada cultura *Sunchituyoc* se manifestó en lo que es hoy centro-sur de Santiago del Estero y *Llajta Mauca* en el centro-norte de la misma provincia, ambas en las proximidades de los ríos Dulce y Salado respectivamente. No se han obtenido fechados radiocarbónicos que permitan ubicarlas con precisión en el tiempo. Los autores difieren en relación con considerarla como emergente del Período Intermedio o del Tardío. De todos modos, sin duda, se trata de culturas cristalizadas entre 1.500 y 1.000 años antes del presente, con influencias del extremo norte vía el río Salado y del Oeste por el Dulce, además de la tradición *Las Mercedes,* también de Santiago del Estero. Para Ibarra Grasso, *Sunchituyoc* se trataría de un tipo de cerámica *Averías primitivo.*

Durante el proceso de desarrollo cultural del territorio argentino la amplia llanura chaco-santiagueña, por su ubicación geográfica estratégica, funcionó como puente de influencias entre el nor-noroeste, el Litoral y las llanuras pampeanas, transformándose ella misma en receptora de muchos aportes foráneos. Las aldeas se concentraban sobre montículos para proteger las viviendas de frecuentes inundaciones. Construyeron represas para almacenar agua y regar en épocas de sequías. El sistema económico y de sobrevivencia se complementó, por un lado con las estrategias tradicionales de caza, pesca y recolección, y por otro, con la agricultura del maíz, zapallo y poroto.

Ambas culturas se destacaron por su cerámica y diseños, en especial ornitomorfos en el caso de *Sunchituyoc.* Abundan los motivos lineales o geométricos y serpientes con alas que parecen manos. Se destaca un ave generalmente de frente —para muchos es el búho— con cara humanoide. El investigador Rex González a ambas manifestaciones las considera del Período Medio caracterizadas por tener una cerámica cocida en hornos abiertos que les proporciona una tonalidad rojiza o amarillenta. Los motivos decorativos los pintaron en negro sobre la base natural o bien sobre un engobe o enlucido blanquecino.

122   Según E. Wagner (1934)

123   Según E. Wagner (1934)

124   Según E. Wagner (1934)

125   Según E. Wagner (1934)

Registros decorativos

126   E. Wagner (1934)

127   E. Wagner (1934)

128   E. Wagner (1934)

129   E. Wagner (1934)

130   E. Wagner (1934)

131   E. Wagner (1934)

132   E. Wagner (1934)

133   E. Wagner (1934)

134   E. Wagner (1934)

Registros decorativos

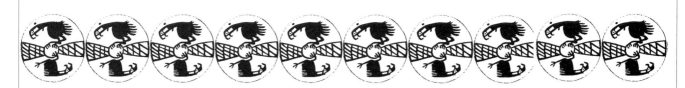

135   E. Wagner (1934)

136   E. Wagner (1934)

137   E. Wagner (1934)

138   E. Wagner (1934)

Registros decorativos

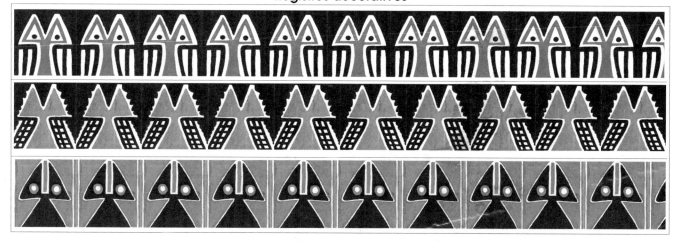

139   E. Wagner (1934)

140   E. Wagner (1934)

Registros decorativos

141   Según Serrano (1943)

142   Según Serrano (1943)

143   Según Serrano (1943)

144   Según Serrano (1943)

145   Según Serrano (1943)

146   Según Serrano (1943)

GENERALIDADES DEL PERÍODO TARDÍO

D esde por lo menos 1.000 años antes del presente comienza a manifestarse el Período llamado comúnmente *Tardío* o *Reciente*, en el cual se destacan, entre otras, la cultura *Omaguaca* en las Quebradas altas de Jujuy; *Santa María, San José y Belén* en valles y quebradas de Catamarca y *Averías* en el Chaco santiagueño.

Según Ottonello-Lorandi, todavía falta información respecto del tránsito entre los períodos *Medio* y *Tardío,* lo cual dificulta la comprensión del último "si se tiene en cuenta que en ese lapso se gestaron modificaciones y ajustes de la estructura socioeconómica que posibilitaron desarrollos regionales" (1987).

Efectivamente, este período en el Noroeste, que abarca desde 1.000 a 600 años antes de ahora, se caracterizó por una fuerte regionalización (también experimentada en el resto del territorio argentino aunque con menor tecnología) político-militar y cultural. Como consecuencia de las diferencias asumidas, los distintos pueblos tendieron a concentrarse en sitios fortificados para defender mejor su territorio, organización y cultura propias.

Las estrategias de vida de estas sociedades derivaron paulatinamente en *estilos locales*, y el desarrollo político-militar, en *señoríos* con independencia que, en ocasiones, se unían en confederaciones con fines defensivos.

En líneas generales, mantuvieron el denominador común económico y lingüístico del Período *Intermedio*, al menos hasta que se inició la penetración incaica en la región. También respecto de la religión y filosofía de vida, destacándose la serpiente de dos cabezas en los diseños de piezas rituales, urnas y ofrendas.

Estos pueblos casi no practicaron la escultura en piedra, a no ser en utensilios de uso diario. En cambio, se destacaron en metalurgia (discos, pectorales, hachas, manoplas, campanas, etc.) y tejeduría, que fue abundante y de gran calidad.

La cerámica experimentó, hacia el final del período, primero una gran influencia incaica y luego la debacle de la invasión europea, perdiendo ya desde sus inicios algo de calidad a expensas de una cantidad considerable. Probablemente la atomización de la sociedad tradicional y las preocupaciones político-militares precipitaron esa consecuencia.

Cultura *Omaguaca*

Bajo el nombre *Omaguaca*, o *Humahuaca*, de inmediato reconocemos el extenso valle de unos 170 km de largo por 2 o 3 de ancho en la provincia de Jujuy. Asciende de sur a norte hacia La Puna con acogedoras quebradas laterales y variaciones de climas que permiten diversas actividades agrícolo-ganaderas y, en consecuencia, la instalación permanente de grupos humanos.

Alrededor de 1.000 años antes de ahora todos los habitantes de la región, sobre la base de varias tradiciones culturales anteriores provenientes del noroeste (Puna argentina y Bolivia) y este (selvas y Gran Chaco) del territorio, por diversas circunstancias produjeron cambios sociales significativos que los españoles conocerían y destruirían casi por completo durante los siglos XVI y XVII de su era para apoderarse de esa importante vía de comunicación con el sur y norte del continente. Si bien en la historia trascendió el nombre de los humahuaqueños, muchas eran las parcialidades que habitaban la región: Jujuyes, Tilcaras, Purmamarcas, Tumbayas, Ocloyas y otros. Todos dejaron por doquier rastros (en especial cerámica, metalurgia y líticos) que revelan algunos aspectos de su estilo de vida y renovada organización social.

En términos generales mantuvieron el sistema económico del período anterior y desarrollaron aún más la agricultura, sobre todo del maíz, del cual conocieron una 120 variedades. Los hallazgos de conanas, morteros, silos de paredes de piedra, terrazas de cultivo, palas de madera y piedra, evidencian la importancia de esa actividad agrícola que además del autoabastecimiento les permitía intercambiar otros productos con pueblos de la Puna, norte y este de la región.

El trabajo de esculturas en piedra y la metalurgia es relativamente pobre en relación con los períodos anteriores, en cambio fueron excelentes talladores de la madera y realizaron muy buena y abundante alfarería, tradición ésta que se mantiene viva hasta el presente.

"La cerámica está decorada en negro sobre fondo rojo, con motivos por lo general geométricos sin representaciones humanas o de animales. Corresponde al mismo horizonte Negro sobre Rojo de más al sur. Los estilos de la Quebrada de Huamahuaca han sido denominados *Hornillos* negro sobre rojo y *Tilcara* negro sobre rojo"(Rex González, ob. cit., p. 104).

En los diseños predominan los dibujos lineales y es frecuente la figura del suri, que seguramente ocupaba un lugar de importancia en su cultura.

147 Según A. Serrano	148 Según A. Serrano	149 Según A. Serrano
150 Según A. Serrano	151 Según A. Serrano	152 Según O. Bregante
153 Según O. Bregante	154 Según O. Bregante	155 Según O. Bregante

Registros decorativos

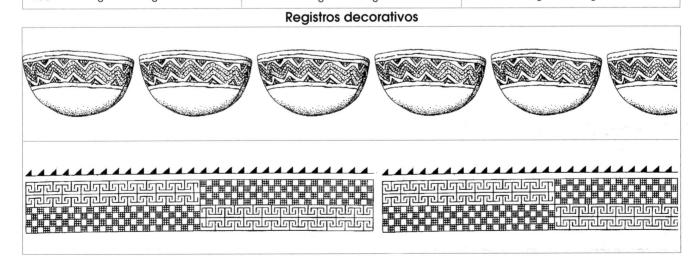

156   Según O. Bregante (1924)

157   Según O. Bregante (1924)

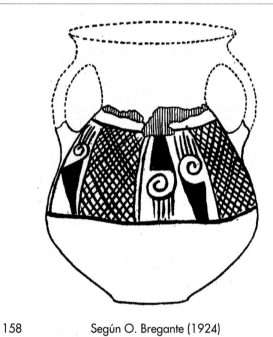

158   Según O. Bregante (1924)

159   Según O. Bregante (1924)

Registros decorativos

86

Nativo de la Puna argentina con sus obras artesanales.

Cultura o Tradición *Belén*

La manifestación cultural *Belén* se ubica en el tiempo entre los años 1.000 y 600 antes del presente y geográficamente en el valle de Hualfín, especialmente en los alrededores del pueblo que le dio su nombre, extendiéndose por el Valle de Abaucán y Santa María, en Catamarca, e incluso hasta la Rioja.

Belén, como todas las culturas contemporáneas de la zona, fue heredera de un dinamismo cultural sorprendente y como tal experimentó al interior de ella misma desarrollos y variaciones que la distinguen. En sus comienzos, por ejemplo, utilizaron viviendas *casa-pozo*, al parecer colectivas, de l7 x 20 m en las cuales vivían varias familias; más tarde construyeron habitaciones aisladas con paredes de piedra, y hacia el final, en épocas de la penetración Inca, verdaderos centros urbanos estratégicamente ubicados con fines defensivos y de trabajo comunitario.

Fueron agricultores en grandes extensiones con andenes de cultivo y sistema de riego, en cuyas inmediaciones se encuentran habitaciones que debieron servir para refugio del labrador de turno y depósito de las herramientas. En tecnología dominaron la metalurgia (discos, hachas con alvéolo, manoplas, campanas, colgantes, etc.); en madera fabricaron útiles para textilería, agricultura y cocina además de hermosas tallas zoomorfas. Los tejidos arqueológicos hallados en túmulos funerarios reflejan alta calidad cuyos motivos decorativos son los mismos que en la cerámica.

El arte cerámico fue en el mundo cultural *Belén* la expresión más profusa y característica, siendo su forma y diseño inconfundibles. En general pintaron las piezas con dibujos negros sobre base más o menos roja. A. Rex González la describe:

"Con motivos geométricos dispuestos en tres bandas de acuerdo con las divisiones del cuerpo. En la parte inferior líneas onduladas colocadas verticalmente. En la media figuras geométricas o zoomorfas, pero las más comunes son espirales angulares, dameros, manos o escalonados. Esta misma decoración usan en la parte superior de la pieza […] En los últimos períodos, con cerámica ya decadente, no se respeta la división tripartita de la pieza […] Existe también un tipo de cerámica con figuras incisas con líneas profundas y dibujos en negro sobre fondo rojo oscuro" (ob. cit., p. 84).

160   Según Serrano (1953)

161   Según Serrano (1953)

162   Según Serrano (1953)

163   Según Serrano (1953)

164   Según Serrano (1953)

165   Según Serrano (1953)

166   Según Serrano (1953)

167   Según Serrano (1953)

167   Según Serrano (1953)

Registros decorativos

169   Museo Incahuasi (La Rioja)

170   Museo Incahuasi (La Rioja)

171   Museo Incahuasi (La Rioja)

172   Museo A. Quiroga (Catamarca)

173   Museo Preh. Univ. Tucumán

174   Según O. Bregante (1926)

175   Según O. Bregante (1926)

176   Según C. Bruch (1913)

177   Según C. Bruch (1913)

Registros decorativos

90

178   Museo de La Plata

179   Colección E. Cura

180   Según Grasso (1967)

181   Según Grasso (1967)

182   Según O. Bregante

183   Según O. Bregante

Culturas *Santa María* y *San José*

Estas dos manifestaciones culturales, en especial *Santa María*, reelaboran, sin duda, el rico patrimonio heredado del proceso anterior en la región y protagonizan antecedentes inmediatos de la extensa nación Diaguito-Calchaquí que conocieron, relataron y finalmente destruyeron los europeos.

Desde 1.000 años antes de ahora, aproximadamente, debieron cristalizar estas sociedades y conformar pequeñas aldeas dedicadas a la agricultura, pastoreo y recolección. En ellas, y otras parcialidades del gran Noroeste, las fuertes tradiciones y el idioma en común generaron el sentido de integración y unidad sociocultural y política que las llevó, inclusive, a confederarse como nación.

La cultura *Santa María* surgió en el valle del mismo nombre en Catamarca; se extendió por el Cajón, Calchaquí y valles transversales. Su influencia llegó al área de Andalgalá y Hualfín, incluso hasta el Valle de Catamarca en el sur de la provincia. El patrón de poblamiento y construcción de viviendas fue similar a sus contemporáneos de *Belén*: primero grandes casas comunales de familias extensas, luego se agruparon en aldeas abigarradas con viviendas de piedra. Un ejemplo típico es *Loma Rica*, al noroeste de *San José*, de 210 habitaciones, que debió albergar unas 1.500 personas.

La economía fue similar a la de toda la región en este período: agricultura con riego artificial; intercambio de bienes con otras parcialidades, inclusive lejanas; pastoreo de llamas; recolección y caza. Desarrollaron muy buena metalurgia y apenas esculpieron la piedra.

La cerámica santamariana se caracteriza por estar dividida en tres sesiones o paneles verticales en cuya configuración general el cuerpo de la pieza tiende a confundirse con la base. En cuanto a la decoración de las urnas utilizaron dos caras opuestas con ojos oblicuos pintados, a veces cejas y brazos modelados. La decoración fue pintada con agregados modelados, bicolor al principio y tricolor en una segunda etapa. Combinaron motivos lineales y representaciones zoomorfas, también lineales, tuvieron marcada tendencia a llenar todos los espacios vacíos con escalonados, grecas, líneas de rombos, paralelas con puntos y triángulos alternados. Utilizaron frecuentemente el suri y el batracio. La cerámica *San José* se destaca por la decoración con figuras de saurios, serpientes de dos cabezas y pintura tricolor.

184   Según O. Bregante (1926)

185   Según O. Bregante (1926)

186   Según O. Bregante (1926)

187   Según O. Bregante (1926)

188   Según O. Bregante (1926)

189   Según O. Bregante (1926)

190   Según O. Bregante (1926)

191   Según O. Bregante (1926)

192   Según O. Bregante (1926)

Registros decorativos

193   Según O. Bregante (1926)

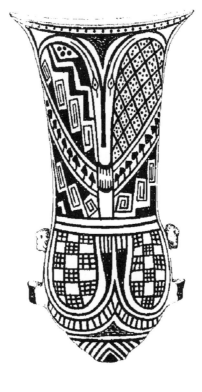

194   Según O. Bregante (1926)

195   Según O. Bregante (1926)

196   Según Rex González (1977)

197   Según O. Bregante (1926)

198   Según Serrano

199   Según Adán Quiroga (1929)

Registros decorativos

200   Según Rex González (1977)

201   Según Rex González (1977)

202   Según Rex González (1977)

202   Según Rex González (1977)

Registros decorativos

204   Según A. Serrano

205   Según O. Bregante

206   Según O. Bregante

207   Detalle según O. Bregante

208   Detalle según O. Bregante

209   Detalle según O. Bregante

210   Detalle según O. Bregante

211   Según A. Serrano

212   Según E. Pepe (1996)

Registros decorativos

213   Según E. Pepe (1996)

214   Según E. Pepe (1996)

215   Según O. Bregante

216   Colección Guido Di Tella

217   Colección E. Cura

218   Según Serrano

Tradición *Averías - Mancapa*

En la puerta sudoeste del Gran Chaco argentino, límite con el sur de Tucumán y este de Catamarca, se extendía una enorme llanura boscosa, escenario, a partir de 1.000 años atrás, del desarrollo de importantes culturas herederas de *Las Mercedes* y *Sunchituyoc* y cercanas a la tradición *Santamariana*.

A lo largo de la cuenca que forman los ríos Dulce y Salado es posible encontrar numerosos restos arqueológicos que permiten reconstruir esta etapa del proceso y sobre todo admirar su arte cerámico. A principios del siglo XX fueron los hermanos Wagner quienes intentaron un salvataje y clasificación del patrimonio, correspondiendo a arqueólogos posteriores precisar el origen y los aspectos característicos de lo que se conoce como *Mancapa-Averías*.

A lo largo del período Tardío y en la región que nos ocupa se destacó la expresión cerámica y la tejeduría. La metalurgia fue importada del Noroeste y la escultura en piedra apenas la conocieron. En cuanto a la cerámica, los investigadores distinguen varios tipos aunque "el carácter dominante", según Rex González, "es la sencillez de las formas y la decoración polícroma sobre base negra, rojo y blanco con motivos geométricos sobre superficie tersa y bruñida y combinaciones de motivos rectilíneos". Según este autor "los elementos figurados son escasos: la serpiente de una y dos cabezas y el ave estilizada de Sunchituyoc" (ob. cit., 1985, p. 96).

En relación específica con la manifestación *Averías*, ésta fue tricolor, con dos y cuatro campos, negro y rojo con fondo claro, motivos preferentemente lineales, serpientes, a veces aladas, además de construir estatuillas, puntas de piedra y hueso, algo de cobre y cantidad de torteros que señalan importante actividad textil.

219   Según E. Wagner (1934)

220   Según E. Wagner (1934)

221   Según E. Wagner (1934)

222   Según E. Wagner (1934)

Registros decorativos

223   Según Bennett (1948)

224   Según Bennett (1948)

225   Según Bennett (1948)

223   Según Bennett (1948)

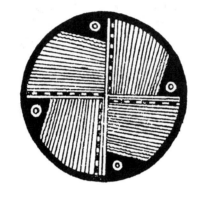

224   Según Bennett (1948)

225   Según Bennett (1948)

226   Según Bennett (1948)

227   Según Bennett (1948)

228   Según Bennett (1948)

Registros decorativos

232   Según Wagner (1934)

233   Según Wagner (1934)

234   Según Wagner (1934)

235   Según Wagner (1934)

236   Según Wagner (1934)

237   Según Wagner (1934)

238   Según Wagner (1934)

239   Según Wagner (1934)

240   Según Wagner (SE)

Registros decorativos

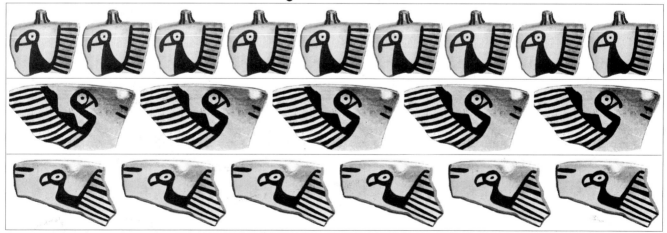

PINTURAS RUPESTRES

Bajo la denominación *arte rupestre* se engloban las manifestaciones plásticas de carácter paleontológico efectuadas sobre superficie rocosa natural. En sus formas puras u originarias, se trata de una forma simbólica de expresar ideas y vivencias surgidas de la esfera mágico-religiosa. Su forma más común y conocida es la pintura y grabado en cuevas, paredones y bloques rocosos al aire libre.

"Este tipo de arte constituye la manifestación tal vez más importante de la humanidad prehistórica que ha llegado hasta nosotros. Su conservación a través de los milenios es casi un milagro, y su documentación y estudio es una tarea prioritaria de la ciencia arqueológica, pues las condiciones actuales de la vida socioeconómica conspiran de diversas maneras en contra de su buena conservación. Esto es válido tanto para zonas pobladas como desérticas, para el viejo como para el nuevo mundo. El problema de la preservación de los sitios de arte rupestre es complejo, y no solucionable sólo con medidas legislativas (por indispensable que éstas sean). Como lo ha expresado recientemente uno de nosotros, 'el estudio de sitios con arte rupestre debe incluirse en la llamada Arqueología de Urgencia, no sólo porque la simple acción de los agentes climáticos pueden destruirlos, sino también porque la mano del hombre irresponsable es capaz de dañarlos irremediablemente. […] No podemos dejar de pensar que cuando un santuario rupestre sucumbe a manos de un 'civilizado', sobrevivió hasta ese momento por siglos y tal vez por milenios, pese a haber coexistido con quien injustamente recibió el calificativo de 'salvaje'" (Carlos Gradín y Juan Schobinger, *Arte rupestre de la Argentina,* 1985).

241 Cueva de las Manos - Cuenca del Río Pinturas Santa Cruz

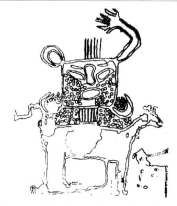

242 Antofagasta de la Sierra - Según María M. Podestá

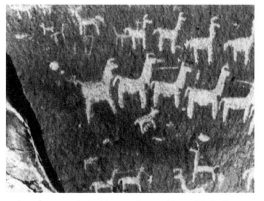

243 Antofagasta de la Sierra - Según María M. Podestá

244 Antofagasta de la Sierra - Según María M. Podestá

245 Cueva de las Manos - Cuenca del Río Pinturas - Santa Cruz

Registros decorativos

246   Cerro Intihuasi (Córdoba). Según Hebe D. Gay (1958)

247   Según Gradin-Schobinger (1985)

248   El Palque de Pachaco (San Juan)

249   Gruta de Cara-Huasi (P. de Salta) - Según E. Holmberg

250   Según E. M. Cigliano

Registros decorativos

Gruta de Cara-Huasi (Provincia de Salta) - Según E. Holmberg

PLACAS GRABADAS

H acia fines del siglo XIX los arqueólogos dedicados al estudio de Pampa y Patagonia fijaron su atención sobre una cantidad importante de objetos de piedra pequeños, de uso desconocido, cuya característica común, y admirable desde el punto de vista estético, era el hecho de estar grabadas con un lenguaje inaccesible para nosotros. Quien primero mencionó estas placas fue Ameghino en 1880: "...cuatro pequeñas placas de pizarra de Río Negro, muy delgadas [...] y cubiertas en sus dos superficies de una combinación de líneas y puntos muy difíciles de descifrar" (*La antigüedad del hombre en el Plata*). Luego se ocuparían de estas placas innumerables autores hasta el presente. Entre ellos Félix Outes en 1905 ("La Edad de Piedra en la Patagonia. Estudio de arqueología comparada", *Anales del Museo Nacional de Buenos Aires*, vol. 12). "Creo –explica– que debe tratarse de objetos de carácter votivo y quizá se llevaran como colgantes en el interior de una bolsita de cuero sujeta al cuello. Me inclino a suponer tal cosa puesto que en la isla Victoria del Lago Nahuel Huapi se ha encontrado un ejemplar con perforación".

Posteriormente, Outes amplía sus conclusiones diciendo que la poca resistencia del material en que están hechas las placas excluye el que fueran para uso común, a modo de utensilio. Por otra parte observa que en algunas piezas existen roturas intencionales o extracción ex profeso de pequeñas partículas, lo que demostraría que tenían un caracter sagrado. Finalmente supone que se trata de amuletos que sólo debían poseer algunos shamanes. Por otra parte R. Lhemann Nitsche comparte la idea de Outes y tras un exhaustivo estudio de las placas conocidas hasta ese momento hace esta descripción de una de ellas: "El borde es oblicuo; parece que se ha separado intencionalmente un pedacito para llevarlo como remedio o talismán". En definitiva sugiere la posiblidad de que sacaran del objeto pequeños fragmentos con fines terapéuticos.

Existen otras hipótesis sobre la funcionalidad de estas piezas. Entre ellas la del arquitecto Héctor Greslebin para quien las placas grabadas serían modelos o esquemas de tejidos, sobre todo de ponchos.

Más allá de las diversas hipótesis y sus argumentos, es innegable que se trata de piezas prehispánicas prolijamente grabadas, con sentido de la proporción y estética visual.

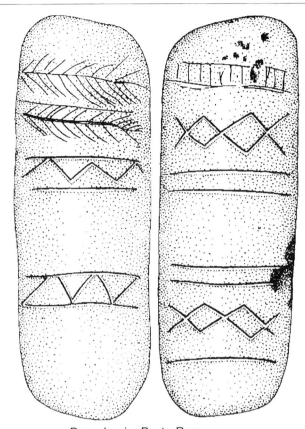

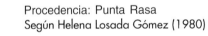

Procedencia: Punta Rasa
251   Según Helena Losada Gómez (1980)

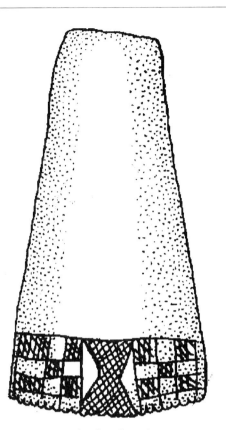

Procedencia: San Antonio este
252   Según Helena Losada Gómez (1980)

Procedencia: Río Negro
253   Según Helena Losada Gómez (1980)

Procedencia: Río Negro
254   Según Helena Losada Gómez (1980)

Procedencia: San Luis

255 Según E. Losada Gómez (1980)

Procedencia: Lago San Roque

256 Según E. Losada Gómez (1980)

Procedencia: Lago Nahuel Huapi

257 Según E. Losada Gómez (1980)

Procedencia: Río Uruguay medio

258 Según E. Losada Gómez (1980)

Procedencia: Río Uruguay

259 Según E. Losada Gómez (1980)

Procedencia: Río Negro

260   Según Grasso (1967)

Procedencia: Patagones

261 Según E. Losada Gómez (1980)

Procedencia: Esquel

262 Según E. Losada Gómez (1980)

Procedencia: Chubut

263 Según E. Losada Gómez (1980)

108

Procedencia: Río Negro

264 Según E. Losada Gómez (1980)

Procedencia: Epuyén, Chubut

265   Según E. Losada Gómez (1980)

Procedencia: Río Negro

266 Según E. Losada Gómez (1980)

Procedencia: Neuquén

267 Según E. Losada Gómez (1980)

Procedencia: Chubut

268 Según E. Losada Gómez (1980)

Procedencia: Punta Rasa

269 Según E. Losada Gómez (1980)

Procedencia: Catamarca

270 Según E. Losada Gómez (1980)

Procedencia: San Luis

271 Según E. Losada Gómez (1980)

Cultura *Selk'nam*

Las últimas tres naciones nativas que lograron sobrevivir en Tierra del Fuego hasta la primera mitad del siglo XX fueron la *Selk'nam, Yámana* y *Alakaluf.* Sin duda quedan entre nosotros descendientes biológicamente directos de aquellas comunidades, pero a partir de la fiebre del oro de los años 1860 y, poco después, de la apropiación para la crianza de ovejas de las tierras donde vivían los nativos, europeos y criollos iniciaron un burdo y cruel etnocidio que en apenas 70 años destruyó irracionalmente pueblos y culturas cuyos antecedentes se remontaban a varios milenios.

Los *Selk'nam* (Onas) a través de aproximadamente tres milenios lograron una asombrosa adaptación al medio creando estrategias originales y contundentes en todos los órdenes de la vida social y política: cosmovisión, sistema mítico, idioma, ritos, tecnología, organización familiar, diversiones y arte. Cuando en 1880 se inició la ocupación efectiva de los europeos (apropiación de sus tierras, introducción de la oveja y erección estratégica de misiones religiosas para "hospedar" a los onas que eran echados de sus tierras) sólo en la isla vivían unos 12.000 habitantes de las tres naciones, de los cuales 4.000 o más eran onas que habían logrado burlar la compulsiva ambición de los "blancos" replegándose a las montañas o a tierras bajas inservibles, por supuesto contra su voluntad. En 1920 apenas sobrevivían 500 y en la década de los 50 desaparecieron por completo en tanto nación, perdiéndose de esa manera todo su acervo cultural, tan legítimo y valioso como cualquier otro.

Los *Selk'nam* eran personas esbeltas y de recia contextura, amantes de la libertad y el respeto, solidarios y pacíficos, de gran producción poético-simbólica reflejada en su cosmovisión y tradiciones orales, en fin, de una sensibilidad artística notable. Martín Gusinde, antropólogo y sacerdote austríaco que en su paso por la isla no intentó "convertir" un solo ona, los describe así en su monumental obra *Los indios de Tierra del Fuego*: "¡Por fin tenía a la Tierra del Fuego bajo mis pies! Aquí, en Puerto Río Grande vi por primera vez auténticos fueguinos [se refiere a los *Selk'nam*]. ¡Qué sorpresa, pero al mismo tiempo qué desilusión! ¡Eran hombres grandes y hermosos pero cubiertos con andrajosa ropa europea! Inmediatamente comprendí que a estos hijos de la naturaleza no les queda bien nuestra ropa de fábrica sin estilo, que les da en verdad la apariencia de miserables vagabundos. Me dio pena verlos así, pues su agradable e innato sentido de belleza es violado por la imposición del mal gusto europeo" (Edic., Buenos Aires, 1990, t. I, vol. 1, p. 65).

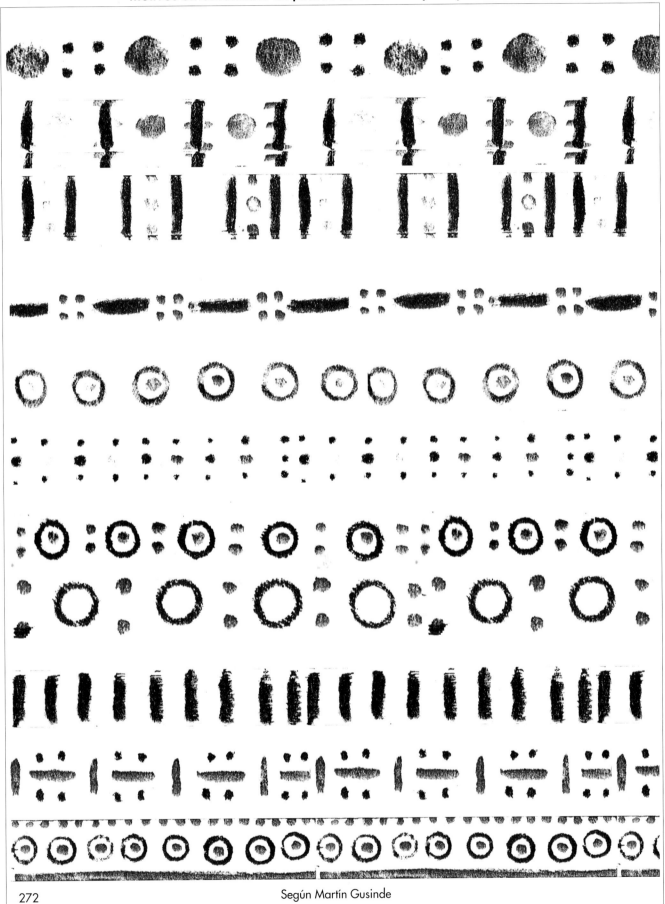

272

Según Martín Gusinde

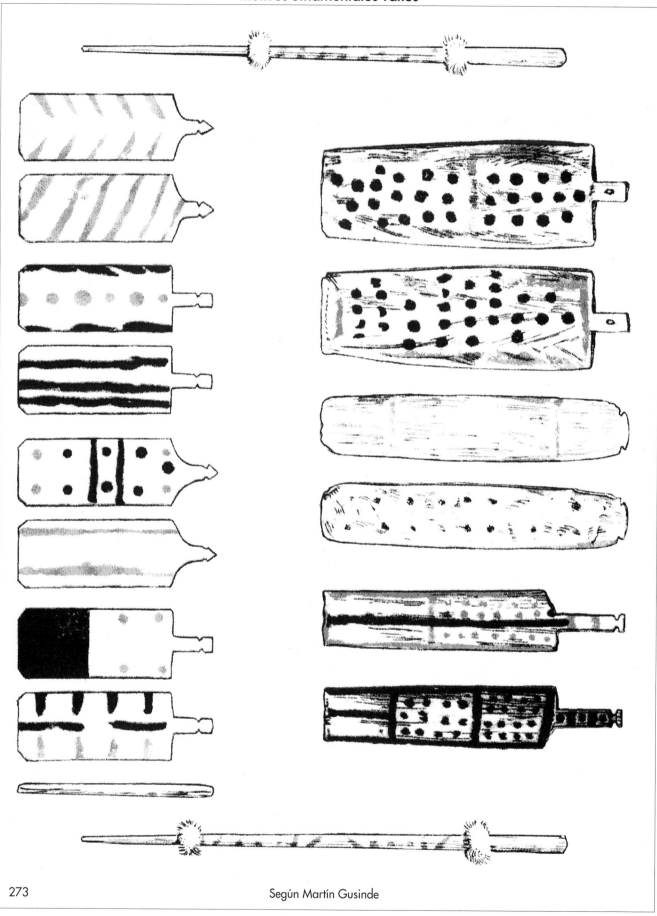

273

Según Martín Gusinde

Mujer yámana iniciando un cesto

Mujer alakalut con pintura corporal

Hombres selk'nam con pinturas corporales y máscaras para la celebración del Hain

Cultura *Chané-Chiriguano*

Los *Chané* (palabra que significaría "esclavo" o "mi pariente", al parecer impuesta por los *Chiriguano* de la nación Guaraní con quienes conforman un conocido complejo cultural prehispánico) viven en Tuyunti, Campo Durán y Capiasuti de la provincia de Salta y en el sur de Bolivia. Sus antepasados llegaron al actual emplazamiento desde la zona originaria de los Arawak, es decir, el Caribe y las Antillas. Presionados probablemente por los *Caribe,* y éstos a su vez por otras razones —quizás por los *Mayas*, ya militarizados unos 1.400 años antes del presente—, migraron hacia el sur del continente por las laderas orientales de los Andes bordeando el Amazonas o atravesándolo vía fluvial. Pueblo agricultor y alfarero, pacífico y sedentario, los *Chané* para sobrevivir debieron adaptarse, primero, a un grupo de guaraníes (los *Chiriguano*) que desde el siglo XV ocuparon su hábitat, y luego (siglo XVI), a la devastadora invasión europea. A pesar de todo lograron preservar lo esencial de su cultura.

Como todos los pueblos del planeta, los Chané se expresan a partir de su íntima necesidad de una supervivencia coherente y de trascendencia. Intentan prolongar y acrecentar la vida, suavizar la angustia de la multisecular dominación foránea y dominar la muerte inexorable. Allí nace su cosmovisión, sus ritos y ceremonias y en ese ámbito producen las obras de arte más importantes: *máscaras (Aña-Aña) y cerámica.* Las máscaras son utilizadas en la celebración del "Arete", fiesta agraria anual de la fecundidad en la que sobresalen las danzas con sus *Aña-Aña rituales.* Las confeccionan de madera de Yuchán y plumas de gallina o con piel de animales y cabellos. La cerámica, con una variedad asombrosa y una exquisita técnica de engobes, cubre las necesidades vitales y simbólicas de esta comunidad. Realizan jarras, floreros, platos, cuencos y las tradicionales ollas para uso culinario y el "jambuí" de dos asas para fermentación y presentación de la chicha durante el "Arete". Tanto en las máscaras como en la cerámica utilizan un cúmulo de simbolismos mágico-religiosos expresivos de sus tradiciones y cosmovisión.

El diseño y sus dibujos, pintados o incisos, son armónicos y generalmente cubren dos terceras partes de la pieza de arriba hacia abajo. La decoración generalmente es lineal-simbólica con algunas representaciones de la fauna y flora locales. El recurso antropomorfo tradicionalmente sólo lo utilizan en la configuración material de las piezas de uso.

274

275

276

277

Registros decorativos

278

279

280

281

Registros decorativos

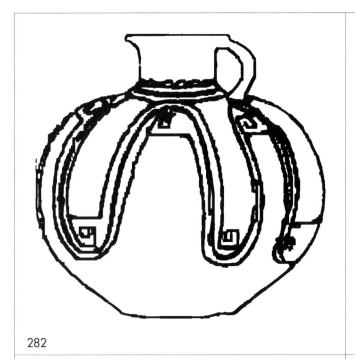

282

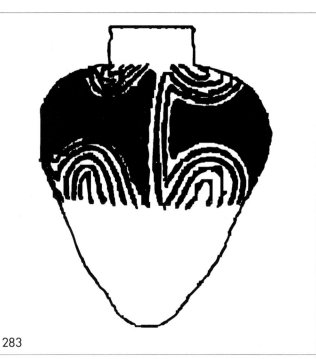

283

284

285

Registros decorativos

Cultura *Wichí del Gran Chaco*

Una de las varias naciones nativas del centro-oeste chaquense recibió el nombre de "mataco" por los cronistas y misioneros de la invasión. Una forma cínica y fácil de justificar la esclavitud y atropello a que los sometieron para zafrar tanto caña de azúcar cuanto tabaco y construir sus fortines. En efecto, según reza el diccionario español "mataco" significa "animal de poca monta", por lo cual se permitieron hacer lo que les plugo con ellos. Sin embargo aquellos "matacos" que se asomaban por curiosidad y pacíficamente en la periferia de sus montes, como lo hacen hoy en día, no eran "matacos" sino *Wichí*, es decir, "los verdaderos hombres" en su idioma.

En la actualidad la población *Wichí* es de unos 20.000 habitantes y vive en tierras fiscales de Salta, Formosa y Chaco. El varón aporta alimentos a su familia de los recursos que todavía le proporciona el monte: caza, pesca y recolección de frutos silvestres, además de tallar con gran habilidad la madera y realizar "changas" para los criollos de la zona. La mujer generalmente permanece en la aldea a cargo de sus hijos y del hogar mientras teje innumerables piezas con fibra de caraguatá y modela con destreza diversos utensilios en cerámica.

Sobre todo en los tejidos (yicas, siquiet, caajutí, mantas, fajas, etc.) con llamativa libertad estampan diseños y dibujos basados en una concepción lineal no figurativa de los símbolos. Difícilmente se repiten a sí mismas aunque a veces reiteren con variantes los motivos elegidos: el movimiento del reptil, el rastro del puma, suri, guasuncho, pecarí o zorro, la descripción de un crepúsculo o del amanecer o formas emergentes de la mitología propia.

La cerámica es muy consistente, variada, apenas pulida, de color terracota y cocinada a fuego abierto. Raramente pintan algún sector de la misma. En ella se destaca su diseño o configuración general, en especial de la *Yaté* (cántaro para portar agua) y de los cuencos para contener la miel. Con frecuencia aplican en las piezas modelados zoo y antropomorfos. Estas últimas transmiten serenidad y una cierta tristeza conmovedora y dramática que seguramente refleja su actual situación de marginación sociocultural.

286

287

288

289

Registros decorativos de tejidos

119

290

291

293

293

Registros decorativos de tejidos

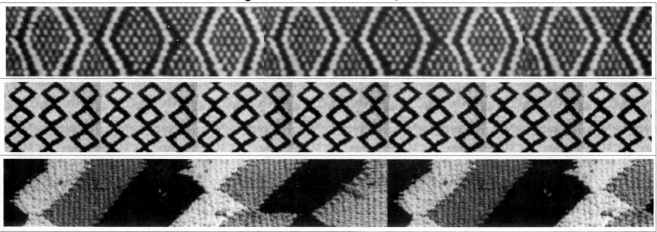

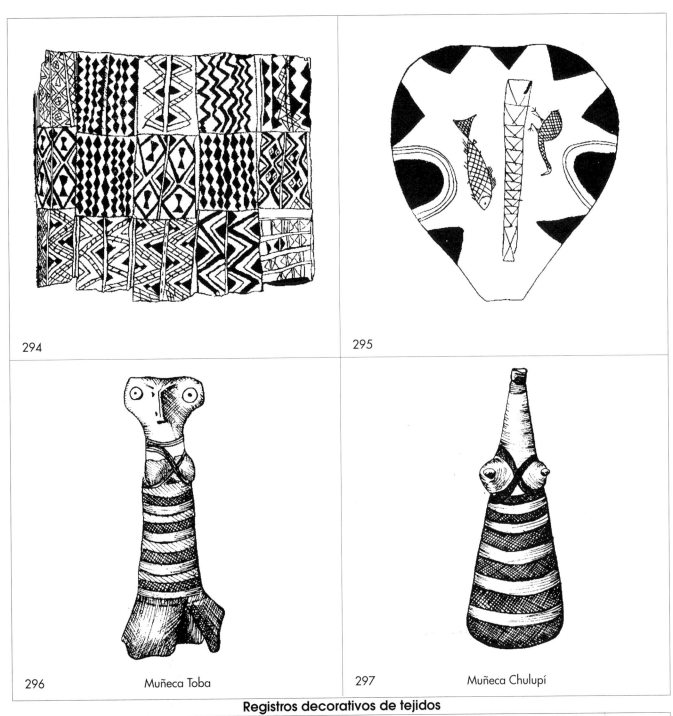

294

295

296 Muñeca Toba

297 Muñeca Chulupí

Registros decorativos de tejidos

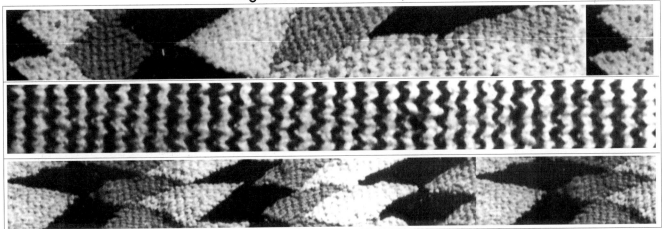

298

299

300

301

302

303

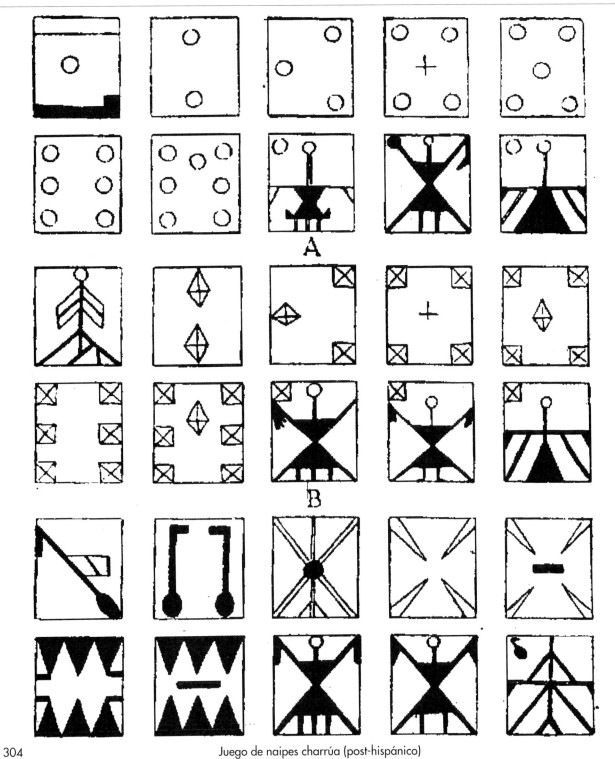

304   Juego de naipes charrúa (post-hispánico)

305   Cerámica charrúa tradicional

306   Tejido prehispánico del N.O.A.

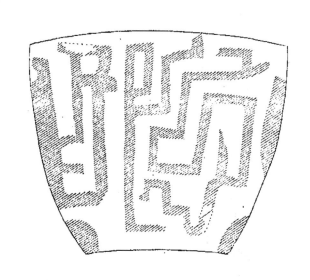

307   Intihuasi

308   Quillango tehuelche

Registros decorativos: Tejeduría Wichí

Bibliografía

ALANIS, Rodolfo
1947 — *Material arqueológico de la civilización diaguita del Museo Inca Huasi*, La Rioja.

ALFARO DE LANZONE, Lidia
1979 — "Petroglifos y pictografías de Rinconada", *Arte Americano*, n° 1, Instituto de Prehistoria y Arqueología, Barcelona.

AMBROSETTI, Juan B.
1901 — "Noticias sobre la alfarería prehistórica de Santiago del Estero", *Anales de la Sociedad Científica Argentina*, t. LI, p. 165, Buenos Aires.
1902 — "Algunos vasos ceremoniales de la región Calchaquí", *Anales del Museo Nacional de Buenos Aires*, t. VII, p. 125.
1903 — "Los pucos pintados de rojo sobre fondo blanco del Valle de Yocavil", *Anales del Museo Nacional de Buenos Aires*, serie III, t. II, p. 137.

ASCHERO, Carlos
1973 — "Los motivos laberínticos en América", *Relaciones de la Sociedad Argentina de Antropología*, t. VII, Buenos Aires.
1975 — "Motivos y objetos decorados del sitio precerámico Incacueva 7", *Antiquitas*, ts. XX-XXI, Buenos Aires.
1979 — *Aportes al estudio del arte rupestre de Incacueva I (Humahuaca, Jujuy)*, Universidad del Salvador, Buenos Aires.

BABANO, Víctor M.
1932 — "Piezas enteras de alfarería del Litoral existentes en el Museo de Entre Ríos", *Memorias del Museo de Entre Ríos*, n° 14, Paraná.
1957 — "El arte plástico de los ribereños paranaenses", *Memorias del Museo de Paraná* , n° 34, Paraná.

BARRIONUEVO, Omar
1972 — "Contribución al arte rupestre en el Valle Central de Catamarca", *Cuadernos de Antropología Catamarqueña*, vol. 5, Catamarca.

BENNETT, W.
1948 — "North west argentine archaelogy", *Yale University Public.*, n° 38, New Haven.

BIRÓ DE STERN, Ana
1944 — "Hallazgos de alfarería decorada en el territorio del Chaco", *Relaciones de la Sociedad Argentina de Antropología*, t. IV, p. 157, Buenos Aires.

BOMAN, Eric, y GRESLEBIN, Héctor
1923 — *Alfarería de estilo draconiano de la región diaguita*, Buenos Aires.

BREGANTE, Odilia
1926 — *Ensayo de clasificación de la cerámica del noroeste argentino*, Ed. Ángel Estrada, Buenos Aires.

BRUCH, Carlos
1911 — "Exploraciones arqueológicas en las provincias de Tucumán y Catamarca", *Revista del Museo de La Plata*, t. III, tirada aparte, Buenos Aires.

CAGGIANO, María Amanda
1994 — *América: prehistoria y geopolítica,* Ed. TEA, Buenos Aires.

CÁCERES FREYRE, Julián
1957 — "Arte rupestre en la provincia de La Rioja", *Runa,* t. VIII, parte 1, Buenos Aires.

CASAMIQUELA, Rodolfo M.
1981 — *El arte rupestre de la Patagonia,* Siringa Ediciones, Neuquén.

CASANOVA, Eduardo
1930 — "Hallazgos arqueológicos en el cementerio indígena de Huiliche, Departamento de Belén (Catamarca)", *Archivos del Museo Etnográfico,* n° 3, Buenos Aires.
1937 — "Contribución al estudio de la arqueología de La Isla (Jujuy)", *Relaciones de la Sociedad Argentina de Antropología,* t. I, p. 65, Buenos Aires.

CIGLIANO, Eduardo Mario
1958 — "Arqueología de la zona de Famabalasto, dep.de Santa María (Prov. de Catamarca)", *Revista del Museo de La Plata,* Serie Nueva, t. V, La Plata.

DEBENEDETTI, Salvador
1910 — *Exploración arqueológica en los cementerios prehistóricos de La Isla de Tilcara,* Buenos Aires.
1918 — "Las ruinas prehispánicas de El Alfarcito (Dep. Tilcara, Prov. de Jujuy)", en *Boletín Academia Nacional de Ciencias de Córdoba,* t. XXIII, p. 287 (separata), Buenos Aires.

FERNÁNDEZ CHITI, Jorge
1997 — *Cerámica indígena arqueológica argentina,* Ed. Condorhuasi, Buenos Aires.
1998 — *La simbólica en la cerámica indígena argentina,* Ed. Condorhuasi, Buenos Aires, 1998.

GONZÁLEZ, Alberto Rex
1956 — "La cultura Condorhuasi del Noroeste Argentino (apuntes para su estudio)", *Runa VII,* p. 37, Buenos Aires.
1957 — "Algunos seramios excepcionales del N.O. Argentino", *Instituto de Antropología,* n° 3, Rosario.
1965 — "La cultura de La Aguada del N.O. Argentino", *Instituto de Antropología,* ts. II-III (1961-1964), Córdoba.
1974 — *Arte, estructura y arqueología,* Ed. Nueva Visión, Buenos Aires.
1977 — *Arte precolombino en la Argentina,* Ed. Filmediciones Valero, Buenos Aires.

GRADIN, Carlos
1983 — "El arte rupestre de la cuenca del Río Pinturas, Prov. de Santa Cruz, R. Argentina", *América Prehistórica,* t. II, Madrid.
1985 — *Cazadores de la Patagonia y agricultores andinos. El arte rupestre de la Argentina,* Encuentro Edic., Madrid.
1994 — *Contribución a la arqueología del Río Pinturas,* Edic. Búsqueda de Ayllu, Concepción del Uruguay, Entre Ríos.

GUSINDE, Martín
1990 — *Los Indios de Tierra del Fuego,* Centro Argentino de Etnología Americana, 4 tomos, 9 volúmenes, Buenos Aires.

HAUENSCHILD, Jorge von
1949 — "La técnica de la alfarería arqueológica de Santiago del Estero", *Publicaciones de la Sociedad Argentina de Americanistas,* t. I, Buenos Aires.
1949 — *Ensayo de clasificación de la documentación arqueológica de Santiago del Estero,* Córdoba.

IBARRA GRASSO, Dick Edgar
1950 — "La colección arqueológica Paz Posse", *Ciencia Nueva,* t. I, n° 2, p. 21, Tucumán.
1981 — *Argentina indígena,* Ed. TEA, Buenos Aires.

INSTITUTO NACIONAL DE ANTROPOLOGÍA
1997 — *Arte rupestre argentino,* Buenos Aires.
1999 — *Arte y paisaje Cueva de Las Manos,* Buenos Aires.

LAFON, Ciro René
1956 — "Nuevos descubrimientos en el Alfarcito (Dep. Tilcara) Prov. de Jujuy", *Runa*, vol. VIII, p. 43, Buenos Aires.

LAFONE QUEVEDO, Samuel A.
1908 — "Tipos de alfarería en la región diaguita-calchaquí", *Revista del Museo de La Plata*, t. XV, Buenos Aires.

LHEMANN NITSCHE, Roberto
1902 — "Catálogo de las antigüedades de la Prov. de Jujuy conservadas en el Museo de La Plata", *Revista del Museo de La Plata*, t. XI, p. 73, La Plata.

LOSADA GÓMEZ, Helena
1980 — *Placas grabadas prehispánicas de Argentina*, Departamento de Prehistoria de la Univ. Complutense, Madrid.

LORANDI, Ana María, y OTTONELLO, María Marta
1987 — *Introducción a la arqueología y etnología: Diez mil años de historia y arqueología*, EUDEBA, Buenos Aires.

MAGRASSI, Guillermo
1981 — *Artesanía indígena de la Argentina: Los Chiriguano-Chané*, Edic. Búsqueda-Yuchán, Buenos Aires.
1982 — *Cultura y civilización desde Sudamérica*, Ediciones Búsqueda, Buenos Aires.
1987 — *Los aborígenes de la Argentina*, Ediciones Búsqueda-Yuchán, Buenos Aires.

MILLÁN DE PALAVECINO, Delia
1981 — *Arte del tejido en la Argentina*, Ediciones Culturales Argentinas, Buenos Aires.

PEPE, Eduardo Gabriel
1995 — *Motivos precolombinos (reelaborados)*, Ed. EGP Diseños, Mendoza, 1995.
1996 — *Diseño Indígena Argentino*, Ed. EGP Diseños, Mendoza, 1996.

PÉREZ GOLLÁN, José Antonio
1994 — *2000 años de arte precolombino en la Argentina*, Ed. Filmediciones Valero, Buenos Aires.

PODESTÁ, Clara, y PERROTA, Elena
1973 — "Relaciones entre culturas del NOA", *Antiquitas*, n° 17, Univ. del Salvador, Buenos Aires.

ROSSI, Juan José
1993 — *Arte y artesanía indígena de la Argentina*, Ediciones Ayllu, Buenos Aires.
1998 — *La máscara de América en el Eje Curvo de nuestra Historia*, Ediciones Búsqueda de Ayllu, Buenos Aires.

SERRANO, Antonio
1943 — *Arte decorativo de los diaguitas*, publicación n° 1 del Inst. de Arqueología, Lingüística y Folklore, Córdoba.
1953 — "Consideraciones sobre el arte y la cronología en la región diaguita", Public. del Instituto de Antropología, Rosario.
1966 — *Manual de la cerámica indígena argentina*, Ediciones Assandri, Córdoba.

SONDEREGUER, César
1988 — *El monumentalismo de Amerindia*, Ediciones Búsqueda, Buenos Aires.
1997 — *Estética de Amerindia*, Ediciones Eme, Buenos Aires.
1998 — *Diseño precolombino*, Ediciones Corregidor, Buenos Aires.
       — *Arquitectura precolombina. Catálogo de tipos de urbanismos de obras y constructivos*, Ed. Corregidor, Buenos Aires.
1999 — *Arte cósmico amerindio. 3.000 años de conceptualización, diseño y comunicación*, Ediciones Corregidor, Buenos Aires.

WAGNER, Emilio R., y DUNCAN, H.
1934 — *La civilización chaco-santiagueña y sus correlaciones con las del Viejo y Nuevo Mundo*, t. 1, Compañía Impresora Argentina S.A., Buenos Aires.

Se terminó de imprimir en
Talleres Gráficos D.E.L. S.R.L..